사회에 첫발을 내딛는
청춘들에게

사회에 첫발을 내딛는 청춘들에게

***

엘우드 F. 홀튼 3세 · 샤론 S. 나퀸 지음 | 서수석 옮김

북포스

대학이 당신에게 가르쳐주지 않은 성공적인 첫 출발 12단계

사회에 첫발을 내딛는 청춘들에게

지은이 | 엘우드 F. 홀튼 3세, 샤론 S. 나퀸
옮긴이 | 서수석
펴낸곳 | 북포스
펴낸이 | 방현철

편집자 | 공순례
디자인 | 엔드디자인

1판 1쇄 찍은날 | 2013년 7월 05일
1판 1쇄 펴낸날 | 2013년 7월 12일

출판등록 | 2004년 02월 03일 제313-00026호
주소 | 서울시 영등포구 양평동5가 18 우림라이온스밸리 B동 512호
전화 | (02)337-9888
팩스 | (02)337-6665
전자우편 | bhcbang@hanmail.net

ISBN 978-89-91120-70-9 03190

이 도서의 국립중앙도서관 출판시도서목록(CIP)은
e-CIP 홈페이지(http://www.nl.go.kr/ecip)와
국가자료공동목록시스템(http://www.nl.go.kr/kolisnet)에서 이용하실 수 있습니다.
(CIP제어번호: CIP2013008627)

값 13,000원

당신은 때로 바보 같은 일도 하게 될 것이다.
하지만 바보 같은 일도 열정적으로 하라.

: 콜레트 :

갈등하는 직장 새내기를 위한
실천적인 길잡이

요즘 대학과 기업에서는 소위 '인재' 전쟁을 치르고 있습니다. 대학은 졸업생들의 취업률을 높이기 위해서 치열한 노력을 기울이고, 기업은 불투명한 경영환경을 타개하고자 인재 확보에 사활을 걸고 있습니다. 그런데 대학에서 학생들을 가르쳐 사회로 내보내는 교수이자 기업의 리더십과 HR Human Resources, 인적자원관리을 자문하는 입장에서 현시대의 인재들에 대해 몇 가지 안타까움을 느끼곤 합니다.

사회에 첫발을 내딛는 청춘들에게

첫째는 노력의 방향에 관해서입니다. 학교를 졸업한 이들의 궁극적인 목적이라면 기업에서 올바른 인재로 성장하여 사회인으로서 역할과 책임을 다하는 것일 터입니다. 그럼에도 이를 위한 노력의 방향이 대단히 편향되어 있습니다. 요즘에는 대학 2학년만 되면 대부분 취업 준비와 스펙 쌓기 열풍에 휩쓸립니다. 그러느라 직장생활을 하는 데 반드시 필요한 리더십과 대인관계에 관한 스킬을 계발할 기회를 갖지 못합니다. 이에 비해 기업은 좋은 인재를 채용하기 위해 인성(성실성, 창의성 등)에 큰 비중을 두고 있습니다. 같은 학생을 두고 대학과 기업이 이렇게 어긋나고 있는 것입니다.

둘째는 취업 또는 고용 이후의 문제입니다. 해마다 치열한 취업/고용 전쟁을 치른 뒤 신입사원이 탄생하지만, 신입사원 개인이나 회사 어느 쪽도 정작 조직에 적응하는 데에는 체계적인 노력을 기울이지 않는다는 것입니다. 조직에 제대로 적응하지 못하여 수많은 문제가 발생

한다는 점을 고려할 때 무척 중요한 문제입니다. 조직경영 분야의 연구에서도 조직사회화의 성공이 조직효율성과 효과성에 크게 영향을 미치는 것으로 나타나고 있지만, 기업 현장에서 성공적 사회화를 위해 노력하는 예는 극히 드뭅니다.

셋째는 기업 윤리 문제, 즉 사회적 신뢰와 책임의 문제입니다. 이는 최근 기업이 당면한 중요한 리스크 중 하나이기도 합니다. 윤리 문제가 발생하면 기업이 그간 공들여 구축해온 이미지가 한순간에 무너지고 맙니다. 기업 자체의 실수나 오류 탓에 문제가 생길 수도 있지만, 조직의 가치나 규범을 체화하지 못한 구성원의 의도적이거나 의도치 않은 잘못으로 말미암은 경우가 훨씬 많습니다. 이러한 일이 발생하지 않도록 하려면 조직의 가치와 규범, 행동이 전 구성원에게 제대로 전달되고 공유되어야 합니다. 그리고 그것을 배워야 할 가장 중요한 시기가 바로 입사 후 조직 적응 기간입니다.

이 책에서 다루는 주제는 대학 졸업생의 직장 취업 후 약 1년간의 조직사회화 Organization Socializing 과정에 대한 것입니다. 조직사회화란 조직에 참여하는 신입 구성원이 해당 조직의 가치, 규범, 행동을 익혀가는 과정으로 일종의 '조직 적응'이라고 할 수 있습니다. 사회화 과정을 잘 거친 개인이나 사회화지원 시스템을 잘 갖춘 기업은 성과가 매우 높다고 알려져 있습니다. 특히 사회화 과정을 잘 거친 사원들은 직무나 상사 또는 동료에 대해서 높은 만족도를 보이고 이직률도 크게 낮다고 합니다.

조직사회화는 신입사원 차원뿐 아니라 경력사원들의 조직 이동에도 중요한 문제이며, 기업 차원에서는 인수·합병 시 조직통합 과정에서도 큰 역할을 합니다. 입사하는 사람들은 조직으로부터 '동화'와 '차별화'의 압력을 동시에 받으면서 점차 조직 내에서 집단화되는 과정을 거치는데, 특히 대학을 갓 졸업한 신입사원들이 이 시기에 느끼는 '동화' 압력은 결코 간과할 수 있는 수준이 아닙니다. 그러므로 조직사회화는 조직효과성은 물론 개인의 능력을 발휘하고 성취 수준을 높이기 위한 사전 단계로서 매우 중요한 과제입니다.

　이 책은 신입사원들의 조직 적응을 돕는 데 탁월한 몇 가지 방법을 제시하고 있습니다. 올바른 적응을 위한 절차와 프레임을 제시함과 함께 그 내용의 정교함과 통찰력에서 신입사원의 조직사회화를 위한 전략적 교범으로 훌륭하다고 봅니다. 미국 학자에 의해 연구 · 저술되고 상황 또한 미국 대학생과 기업의 관점을 담고 있지만, 현재 국내 글로벌 기업은 물론 중소기업 현장에 정확히 일치하는 문제 제기 및 대안 제시라고 생각합니다.

　이 책의 탁월함을 몇 가지 짚어보면 다음과 같습니다.

　첫째로 회사의 명확한 관점(기대요구)을 제시함으로써 신입사원 스스로 자신의 행동을 성찰할 수 있도록 하고 있다는 점입니다. 신입사원들이 이제까지 학교생활에서 습관화된 사고와 가치, 행동의 기준을 회사(고용주, 상사, 동료)의 관점과 대비시킴으로써 그 차이를 더욱 분명히 드러내줍니다. 이러한 차이에 대한 인식은 신입사원 스스로 자신의 행동을 수정하고, 적응토록 하는 프로세스로 안내합니다.

둘째로 신입사원의 적응 과정을 현실 상황에 맞춰 정교한 프로세스로 제시하고 있다는 점입니다. 똑같은 내용도 어떤 순서로 제시하느냐가 현실감을 담보하는 데 매우 중요한데 여기에서는 조직 스킬 중심으로 실제 현장을 이해하고, 무리 없이 실행할 수 있도록 하고 있습니다.

셋째는 매우 구체적인 피드백 가이드를 제공하고 있다는 점입니다. 학생에서 직장인으로 이행하는 데 필요한 열두 단계를 따르다 보면 어느 지점에서 어떤 문제가 도사리고 있는지를 분명히 짚어낼 수 있습니다. 각 단계와 모듈별로 정교한 행동지침 세트를 제시하고 있으므로 더욱 확실한 처방을 할 수 있습니다. 이러한 처방이 머릿속

으로 생각하는 데서 그치지 않도록 부록에 체크리스트와
행동계획표를 예시한 것도 현실적인 대안을 스스로 발견
하고 행동하는 데 지침이 되어줄 것입니다.

새로운 환경에 적응해야 하는 새로운 과제를 앞둔 직
장 새내기들에게 이 책이 큰 도움이 될 것을 확신합니다.

백기복
국민대학교 경영대학 교수/경영학 박사
리더십 전문가이며 〈리더십연구〉 편집위원장 및
한국윤리경영학회 회장을 맡고 있다.

다양한 관점에서 활용할 수 있는
훌륭한 지침서

이 책은 활용하는 사람의 관점에 따라 여러 가지 도구가 될 수 있습니다.

10년 넘게 HR 현장에서 근무하고 있는 제 경험으로 보면 본 도서는 예비 신입사원뿐만 아니라 입사 3년 차 내외의 주니어에게도 성공적인 직장생활 적응에 훌륭한 가이드가 되리라 생각합니다. 경쟁 속에 성과의 우열을 다투는 기업 현장에서는 12단계의 프로세스가 그 자체로 완벽한 신입사원용 교육 프레임이 됩니다. 따라서

기업에서 효과적인 HR 도구를 찾는다면 이 책이 해답이 될 것입니다. 또한 신입사원의 조직 적응을 직접 지원하고 관리하는 상사, 선배 멘토들에게도 실천적인 코칭/멘토링 도구로 쓰일 수 있습니다. 단계별 모듈 각각이 깊은 대화 주제로 삼기에 충분한 내용입니다. 또한 가족이자 직장생활의 대선배인 부모로서 자녀의 직장에 대한 고민과 대안을 공유할 수 있는 세대 간 커뮤니케이션 도구로 활용할 수 있습니다.

사회에 첫발을 내딛는 이들과 대면하는 상황에 따라 다음과 같이 활용할 수 있습니다.

▶ 신입직장인 차원

 – (예비)신입사원, 3년 차 내외의 주니어

 – 사회인으로서의 관점과 행동을 익히는 기본 도구

영토와 지도는 다르다는 말처럼 직장의 실제와 직장에 대한 자신의 주관적 인식이 다른 경우가 많습니다. 이러한 인식의 차

사회에 첫발을 내딛는 청춘들에게

이는 조직 내 커뮤니케이션에서 오류를 일으키거나 잘못된 기대행동을 보임으로써 오해나 부정적 인상과 평판으로 이어질 수 있습니다. 흔히들 입사를 한 이상 신입사원이 기업에 보여줄 것은 능력, 성과라고 생각할 것입니다. 하지만 이러한 관점을 잠시 미뤄두고 이 책의 충고대로 최소 1년 정도는 조직에 적응하고 조직 스킬을 향상시키는 데 주력해야 할 것입니다. 이는 신입사원뿐만 아니라 이직한 지 얼마 되지 않은 직장인들에게도 공통적인 1차 관문입니다.

이런 점에서 (예비)신입직장인들은 여기 제시된 프로세스의 관점(선취해야 하는 것들)을 익혀야 합니다. 즉 적응의 프로세스를 잘 이해한 후, 뒤에 제시된 조직 이해를 위한 질문과 자신의 행동을 효과적인 적응으로 전환하기 위한 부록의 사례를 잘 활용하기 바랍니다. 꿈을 심고자 한다면 먼저 여러분의 꿈을 심고 자라게 할 텃밭을 마련해야 합니다.

▶ 회사 차원

– 인사, HR 파트

– 공식적인 신입사원 교육 프로세스에 적용 및 개선

현실적인 12단계 프로세스와 단계별로 독립된 명확한 개념은 그 자체로 신입사원의 조직 적응도를 높이기 위한 훌륭한 HR 도구가 될 것입니다. 인사 및 HR 관련 부서에 근무하고 있다면 이 책의 내용을 기반으로 더욱 효과적인 신입사원 교육을 기획하고 강의할 수 있습니다. 특히 명확한 개념 정의와 사례, 질문이 제시되어 있으며 더불어 부록의 시트는 기업의 현실에 맞게 쉽게 변경하여 적용할 수 있도록 구성되어 있습니다. 아마 직장 경험이 어느 정도 있는 선배들이라면, 이 책의 내용은 자신의 신입 시절 마음과 지금이 얼마만큼 차이가 있는지 알 수 있게 하는 도구가 될 것입니다. 이를 바탕으로 회사와 자신의 사례를 덧붙인다면 20~30시간 내외의 신입사원 강의를 준비하는 데 어려움이 없을 것입니다.

사회에 첫발을 내딛는 청춘들에게

▶ 상사와 동료 차원

– 신입사원의 소속부서 상사, 사내 멘토

– 신입사원들의 적응을 돕는 코칭/멘토링 도구

신입사원의 조직 적응을 이끌고 지원하는 팀의 상사나 멘토에게 코칭과 멘토링에 딱 들어맞는 도구가 될 수 있습니다. 회사의 신입사원 교육에서 전달하기 어려운 부서별 또는 업무 분야별 지식이나 특수한 상황, 사람을 통해 배우는 요소들에 대해 상사와 멘토가 주어야 할 중요한 지침이 포함되어 있습니다. 특히 9장(7단계: 조직과 문화를 이해하라), 10장(8단계: 조직의 체제에 적응하라)은 매우 민감하고 구체적인 행동 규범과 가치를 담고 있어 공식적, 비공식적인 개별 관계에서 전달하고 학습시킬 내용입니다.

또한 부록 B에서 제시한 행동계획 양식은 코칭과 멘토링을 위한 훌륭한 피드백 도구입니다. 이를 기반으로 신입사원들이 조직의 행동과 기대를 관찰할 수 있으며, 자신의 가치와 행동 규범을 적응해나가게 하기 위한 구체적인 변화관리 도구로 사용할 수 있을 것입니다. 또한 코치와 멘토 자신도 제시된 내용을 하나의 틀로 삼아 자신의 지나온 직장생활과 사회 초년생 때 가졌던 초심을 되짚어보는 기회로 삼을 수 있을 것입니다.

▶ 가족 차원

– 부모 세대, 사회 선배

– 세대 간 커뮤니케이션 도구

성인이 된 자녀와 부모가 충돌하는 대표적인 경우가 결혼, 취업/이직 등의 이슈가 아닐까 합니다. 최근 상황처럼 직장(취업과 이직)이 가정과 개인 삶에 압도적인 비중을 차지함에도, 대부분의 사람은 부모이자 직장의 대선배인 아버지와는 직장 내이야기를 주제로 소통하기가 어렵다고 느낍니다. 신세대 젊은이들이 겪게 되는 초기의 시련은 대개 비슷합니다. 회사에 대한 기대 수준의 차이로 말미암은 실망감이나 이전의 학교와 가정생활에서 경험하지 못했던 위계적 상황과 상사를 비롯한 대인관계 등의 문제가 대부분입니다. 다른 누구보다 이전 세대의 아버지들이 자녀와 대화함으로써 이해시킬 수 있는 주제들입니다.

이 책에서는 부모와 자녀 간에 직장의 이슈를 어떤 소재로 어떻게 이야기할 수 있는지에 대한 좋은 스토리 프레임을 제공하고 있습니다. 특히 4장(2단계: 기대를 조절하라), 7장(5단계: 효율적인 대인관계를 구축하라), 8장(6단계: 상사의 훌륭한 추종자가 되어라)을 부모와 자녀가 함께 읽고 이야기를 나눈다면 세대 간 커뮤니케이션이 원활하게 이뤄져 문제해결에 바짝 다가설 수 있을 것입니다.

이 책은 (예비)신입사원들과 회사의 주니어를 대상으로 쓰였지만 신입사원과 대면하는 상황에 있는 모든 이들이 잠깐 시간 내서 함께 읽어보기를 권합니다. 비교적 분량도 적어 읽는 데 부담이 없을뿐더러 제시된 내용이 자신의 신입사원 시절 경험을 생생하게 불러올 기회가 될 것입니다. 그렇게 자신을 되돌아보노라면, 당신 앞에

선 신입사원들에게 더없이 훌륭한 코치가 될 것입니다.

이토록 멋진 책을 저술하신 두 분 저자와 박사 과정 지도 중에 저에게 번역을 권유하신 백기복 교수님의 탁월한 혜안 덕에 이 책에 외람되게 저의 이름을 올리게 되어 너무나도 기쁩니다. 모쪼록 많은 이들이 이 책을 통해 성공적인 출발을 할 수 있다면 저로서는 가장 보람찬 일이 될 것입니다. 모두에게 건투를 빕니다.

서수석
한국생산성본부 책임전문위원/경영학 박사

한국생산성본부 인적자본개발본부에 근무 중이며
국민대학교에서 백기복 교수로부터
리더십 연구로 박사학위를 취득하였다.

사회에 첫발을 내딛는 청춘들에게

예전에
우리가 사회에 첫발을 디딜 때
누군가 해주었더라면 좋았을 조언들

　우리는 지난 12년간 수많은 대학생과 대학을 갓 졸업한 이들에게 직장생활의 문제에 대해 조언하고 가르치며 지도해왔다. 또한 많은 대학생과 대학 졸업생을 고용하기도 했다. 그런 과정에서 우리는 그들과 그들을 고용한 회사가 모두 만족스러워하는 상황도 많았지만, 그렇지 못한 사례도 여러 번 봤다.

　신입사원들은 학교 때 생활과 달라지는 급격한 환경 변화를 잘 견뎌내지 못하는 어려움을 겪었고, 회사는 회사대로 기대치에 미치지 못한다는 아쉬움을 드러내기도 했다. 이런 일은 한쪽에서만 문제가 되기도 하고 신입사원과 회사 양쪽에서 문제를 인지하는 예도 많았다.

이에 대해 우리는 항상 '더 나은 방법이 분명히 있을 거다'라고 생각했다. 여러 해 동안 그와 같은 사례를 모으고 정리하면서 문제의 원인을 추적하고 문제가 발전하는 양상을 연구했다. 그런 노력의 결과로 나온 것이 이 책이다.

대학 졸업생으로서 직업 세계에 처음 발을 들여놓았을 때 혼란스러웠던 경험은 누구나 가지고 있을 것이다. 그중 몇 가지 큰 상처는 노련한 상사가 된 지금까지 생생하게 남아 있기도 할 것이다. 그런 혼란스러움은 스스로 이겨내 발전의 밑거름으로 쓸 수 있다면 둘도 없이 고마운 스승이 될 것이다. 그렇지만 대부분에게는 실망감을 불러일으키고 좌절에 이르게 한다. 사회로 진출할 때 품었던 높은 이상이 급격히 사그라지는 시기를 거치면서 점차 스스로를 제한하고, 심지어는 '내가 할 수 있는 게 없

사회에 첫발을 내딛는 청춘들에게

구나' 하는 자포자기에 빠지기도 한다.

　이 책은 사회에 첫발을 내딛는 이들이 어떤 점들을 미리 생각해야 하는지를 제시하여, 앞으로 얼마 동안 부딪히게 될 여러 상황에 대비하게 해줄 것이다. 우리가 처음 일을 하기 시작했을 때 누군가가 우리에게 해주었더라면 좋았을걸 하고 생각하는 조언들, 바로 그것이 무엇인가를 되짚어가며 책을 썼다.

　지난 수년 동안 우리는 수많은 신입사원에게 어떻게 하면 직장생활을 더 잘 시작할 수 있는지를 지도하기 위해 이 책에 있는 열두 단계를 적용했다. 정말 좋은 소식은, 그들 대부분이 자신의 경력을 더 나은 방법으로 시작하는 것을 배워서 개인적으로 심적인 불안감을 덜 겪으면서 자신의 경력을 신장시켰다는 것이다.

　그런 결과가 쌓이면서 우리는 이 시스템이 효과가 있다는 것을 실제적으로 확인했다. 그래서 이 시스템을 보다 많은 이들이 사용할 수 있기를 바랐고, 그래서 생각해

낸 하나의 방법이 책이라는 매체를 활용하는 것이었다. 책은 시간과 공간을 떠나서 우리의 메시지를 누구나 전달받을 수 있는 정말 효율적인 도구가 될 것이다. 다만 독자들이 오늘날 이 눈부신 속도의 세계에 뒤떨어지지 않게 시스템에 재빨리 접근할 수 있도록, 우리의 조언을 간결하면서 사용하기 쉬운 방식으로 구성하는 것이 우리의 과제로 남았다. 그리고 그 과제를 우리는 훌륭해 해냈다고 자부한다.

분문에서 자세히 논하겠지만, 우리의 연구에는 대학이 어떻게 했는가도 당연히 포함된다. 그리고 흔히 생각하는 것처럼 대학이 학생들을 효율적인 전문가가 되도록 준비시키지 않는다는 것도 알게 됐다. 대학은 단지 직업의 어떤 측면에 대해 준비시킬 뿐이다. 특히 직장생활을 시작하는 스킬은 대학이 가르쳐주지 않으며, 그들의 임무도 아니다. 그러므로 이것은 각자가 배워야 한다.

그런 점에서 볼 때, 최적의 시기에 이 책을 만난 당신

사회에 첫발을 내딛는 청춘들에게

은 운이 좋은 사람이다. 이제 마음을 활짝 열고 많은 선배에 의해 이미 효과가 확인된 이 시스템을 받아들이기만 하면 된다. 우리의 연구와 경험으로 보면, 경력을 어떻게 시작해야 하는지를 모르고 사회에 뛰어드는 것은 경력과 성공에 큰 차질을 불러올 수 있다. 이 책에 투자한 조금의 시간이 대학에서 직장으로 이행하는 당신에게 큰 도움이 될 것이다.

　모두의 힘찬 첫 출근을 빈다, 건투!

　　　　　　　　　　　　루이지애나 배턴루지에서
　　　　　　　엘우드 F. 홀튼 3세 Elwood F. Holton III
　　　　　　　　샤론 S. 나퀸 Sharon S. Naquin

1장

신입사원의
딜레마

존은 몰랐다.

"나 정말 뭐가 뭔지 모르겠어."

존은 대학을 졸업하고 대기업에서 일을 시작한 지 두 달째다. 그는 방금 전 자신의 상사 방에서 면담을 하고 나왔다. 그의 심각한 표정에 걱정이 된 동료 신입사원 하나가 가만히 다가가 어깨를 툭 쳤다. 그러자 존이 한숨을 내쉬며 말했다.

"나는…, 내가 정말 잘하고 있다고 생각했어. 내가 처음 출근하던 주에 우리 프로젝트 엔지니어가 실수한 일 있잖아, 너도 알지? 이렇게 사람이 많은데 그걸 모르고 넘어갈 뻔했다니 놀라운 일이지만, 어쨌든 내가 발견해서 제대로 고쳐졌잖아. 그리고 지난주 직원회의에서는

학교에서 배운 새로운 기술에 대해서 20분 동안 설명해
줬어. 모두에게 도움이 될 것 같아서 열심히 준비한 일
이었어. 대신 부사장님과 회의를 할 때는 모든 걸 내 상
사한테 맡기고 나는 되도록 나서지 않으려고 주의했어.
그런데 방금 무슨 소릴 듣고 왔는지 알아? 내가 너무 건
방지고 내 태도가 다른 사람들을 짜증 나게 만든다는 거
야! 회사는 팀으로 운영되는 곳이니까 여기에 맞게 처신
하라는 거지. 게다가 말이야, 부사장님은 나를 겁쟁이라
고 생각한대. 아무것도 스스로 하지 않고 상사한테 떠민
다고. 아직 얼마 안 됐지만 난 잘해왔다고 생각했는데,
그저 모두가 잘했으면 하는 생각으로 열심히 한 것뿐인
데…. 내가 뭘 잘못한 거지? 그리고 내 상사는 이런 주의
사항을 왜 더 일찍 들려주지 않았던 거지? 내가 뭘 어떻
게 해야 하는지를 말이야."

수천, 수만 명의 대학생이 이력서 쓰는 기술과 면접 요

령을 연마하고 나름대로 직장생활을 계획하면서 일자리 찾기에 열심이다. 그리고 해마다 그중 많은 수가 맘에 드는 일자리를 구해 부푼 가슴으로 첫 출근을 한다. 그런데 그들은 결국 실망하고 만다. 회사에, 일에, 결국엔 자기 자신에게. 왜일까?

그들 대부분이 중요한 단계를 간과했기 때문이다. 그래서 취직을 하는 데 들인 온갖 노력을 한순간에 쓸모없게 만든다. 존과 마찬가지로 그들은 '대학에서 직장으로 이행하는 방법'을 배우지 않은 것이다.

이상하게 들리는가? 학교를 졸업하면 그다음엔 당연히 직장생활을 시작하는 거 아니냐고? 많은 이들이 그렇게 생각하고 있지만, 전혀 그렇지 않다. 우리는 기업의 관리자나 임원들이 신입사원들에 대해 볼멘소리를 하는 걸 자주 봤다. 대학을 갓 졸업한 이들은 새로운 조직에 성공적으로 적응하려면 무엇이 필요한지를 전혀 모른다는 것이다.

그래서 이 책이 반드시 필요하다. 이 책은 당신이 직장에서 첫해 동안 배워야 할 것이 무엇인지, 그것들을 어떻게 배울 것인지를 알려준다. 그 목표를 위해 가장 먼저, 학생에서 직장인으로 이행하는 방법과 이때 당신이 습득해야 하는 조직 스킬을 논한다. 그리고 직장에 들어간 직후부터 필요한 다른 사람들에게 정보를 얻을 때의 인터뷰 기술, 사람들이 해주는 말을 해석하는 분석 기술 그리고 자기계발을 계획하는 기술 등을 체계적으로 안내할 것이다.

이 책은 조직에 들어가는 신입사원을 위한 핵심 열두 단계를 중심으로 전개된다. 이 모델은 15년의 연구와 현장 실습에 확고한 근거를 두고 있으며 사용하기 쉽고 실용적인 방식으로 구성되었다. J.P. 모건 렌터카 J.P. Morgan, Enterprise Rent A-Car, 미국 에너지부 U.S. Department of Energy, 미국 총무청 U.S. General Services Administration, 다발성경화증협회 Multiple Sclerosis Society 와 같은 조직에서의 자문 업무를 통해 개발되고 개선되었으며, 실제로 우리가 신입사원과 관리자 그룹을 대상으로 했던 많은 프레젠테이션에서 활용되었다.

특별한 첫해

조직에서 일을 시작하는 것은 성공을 위한 특별한 관점과 전략이 필요한, 매우 특이하고도 중요한 일이다. 새 직장에서 보내는 첫해는 이후 모든 사회경력과 구분되는 특별한 시기이며, 인생 전 경력에서 다른 시기와 구별되는 특별한 한 단계라는 것을 인식할 필요가 있다. 이 시기의 가장 큰 특징은 과도기라는 것이다. 대학생은 아니지만 -놀랍게도-, 아직 전문가도 아니다. 이렇게 직장생활 첫해를 나머지 경력 단계와 구별해서 생각하면 커다란 이점이 있다. 우선은 이제 더는 학생이 아니라는 점을 자신에게 알려주는 시기를 가진다는 것, 동시에 직장인으로 곧장 직행하는 것이 아니기에 앞으로 자신이 어떤 생활을 하게 될지 관찰할 기회를 가질 수 있다는 점이다.

현명한 졸업생들은 자신을 포함하여 졸업생 대다수가 학생 때의 태도와 행동을 너무 오래 지닌다는 점을 알고 있다. 그 현명한 소수만이 자격을 제대로 갖춘 전문가로서의 권한, 책임, 신뢰를 얻는 데는 시간이 걸린다는 것을 안다. 시간이 어느 정도 걸리느냐는 사람마다 차이가 있겠지만, 대략 첫 직장에 출근하는 순간부터 첫해 말까지 1년 정도다. 이 단계가 직장생활 초기의 성패를 좌우한다.

당신은 이 과도기 또는 훈련기 동안 다른 행동지침을 따라야 한다. 신입이기 때문에 당신은 동료들에게 '외부인'이다. 사람들은 당신에게 다르게 반응하고, 다른 방법으로 같이 일하고, 다른 관점에서 판단할 것이다. 그에 대응해서 당신도 그들에게 다르게 접근해야 한다.

그런데 이 특별한 역학이 완성되는 첫해 동안 신입사원들은 어떻게 해야 하는지 아무런 지침도 가지고 있지 못하다. 그것이 앞에 언급한 시나리오에서 존이 직면한 문제였다. 그는 이행기에 맞는 새 행동지침을 배워야만 직장생활에서 성공적인 시작을 할 수 있다는 걸 몰랐다.

새로운 규칙을 배우는 것이 직장생활을 빠르게 시작하는 데 필수지만 소수의 새 졸업생만이 시간을 낼 뿐이고, 대부분은 무작정 직장생활을 시작한다. 다시 말하면, 대부분의 신입사원은 직장생활을 '잘못' 시작한다. 당신이 현명하다면 이 시기를 다른 신입사원들로부터 자신을 구분시킬 호기로 인정할 것이고, 그리하여 전문가다운 분별력을 보임으로써 남보다 앞서 갈 것이다.

이 단계가 정말 중요한가?

이 단계가 정말 중요한가? 절대적으로 중요하다! 첫 출발을 어떻게 하는지는 그 조직에서 당신이 얼마나 성공하는지에 큰 영향을 미친다. 같이 일하는 사람들에게 당신이 주는 인상과 그들이 처음 몇 주나 몇 개월 동안 갖게 되는 당신에 대한 인식에 따라 경력에 도움되는 기회를 남보다 얼마나 빨리 그리고 얼마나 자주 접할지가 달려 있기 때문이다.

우리의 연구는 당신이 첫해를 어떻게 접근하는지가 직업에서의 성공을 보여줄 뿐 아니라 장래의 급여, 승진, 직장 만족도, 조직 내에서 이동할 수 있는 능력에 큰 영향을 준다는 것을 보여준다. 그리고 이는 앞으로 아주 오랫동안 당신의 경력에 영향을 줄 것이다.

처음 몇 달 동안 똑똑하고 능력 있으며 가치 있는 직원이라는 이미지를 확실히 심고 존중받는 동료 명단에 오르기 위해 이 책에 있는 전략을 사용하는 것이 당신의 도전이다. 처음에 앞서 나가면 내내 앞서 갈 확률이 훨씬 높아진다. 처음 몇 달 또는 첫해에 당신이 목표했던 이미지 메이킹에 성공하면, 당신은 회사에 실제로 기여할 수 있게 되고 고위 경영진에게 자신을 드러낼 기회도 더 빨리 만나게 될 것이다. 그때 자신이 얼마나 탁월한 인재인지를 보여줌으로써 더 많은 성공의 기회와 만날 수 있다. 경제경영 분야의 잘 알려진 저자인 에드가 샤인은 이를 '나선형 성공   '이라고 불렀다. 당신은 거기에 올라타야 한다!

자신을 입증할 기회를 놓치면, 다른 동료들이 – 그리고 승진 경쟁자들이 – 중요한 업무에서 전문가다운 능력과 놀라운 실적으로 상사를 열심히 감동시키는 동안 당신은 자신에게 붙은 '어리버리하다'라는 딱지 때문에 중요하지 않은 업무로 밀려날지도 모른다. 정말 경쟁자들 좋은 일만 시켜줄 생각인가?

물론 평생 이어질 수십 년의 경력이 오로지 이 몇 달의 성과에 좌우된다는 말은 아니다. 하지만 간단하면서도 분명한 사실은, 좋지 않은 출발에서 회복하는 데는 여러 해가 걸릴 수 있다는 것이다. 첫 단추를 잘못 꿰면, 모두 풀어 처음부터 다시 꿰야지 중간부터 잘해볼 수는 없다. 그러니 애초에 제대로 꿰야 하고, 그렇게 할 방법이 이 책에 들어 있다. 다시 한 번 정신을 집중하고 시작해 보자.

2장

대학에서
가르치지 않는
것들

대학을 갓 졸업한 이들 대부분은 대학이 특별한 세계였다는 것을 어렴풋이나마 알고 있다. 하지만 직장생활을 시작하기 전까지는 그 세계와 현실이 얼마나 차이가 있는가를 알지 못한다. 그들이 경험하는 문제의 핵심은 학교 문화가 자신들의 직장에 대한 태도, 기대, 행동 그리고 전반적인 가치관을 형성하는 데 지대한 영향을 미친다는 사실을 인식하지 못하는 데 있다. 하지만 생각해 보라. 당신은 최소한 17년에서 19년을 학교 울타리 안에서 보냈다. 그러니 어떻게 학교생활이 당신에게 큰 영향을 미치지 않을 수 있겠는가?

너무 간단하게 들릴지 모르지만 학교 문화에서 오랫동안 생활한 영향은 생각보다 훨씬 강력하다. 6개월 동안 직장생활을 한 대졸 신입사원들과 워크숍을 할 때면, 우리는 그들에게 일에 관련된 불만을 쭉 적어보라고 한다. 모두가 적어 내면 그 목록을 한쪽 벽에 붙인다. 그런 다음 대학은 무엇이었는지를 상기하라고 하고, 그 목록은 다른 쪽 벽에 붙인다.

이 과정만으로도 그들은 "아하!" 하는 탄성에 절로 이른다. 자신들의 불만 중 80~90퍼센트가 그들에게 깊이 뿌리박힌 학생 때의 태도, 기대, 행동을 버리지 않은 데서 생겼거나 악화되었음을 목격하기 때문이다. 대학과 직장은 다르다는 것을 본인은 완전히 이해했다고 생각했지만 실제로는 여전히 대학생활의 영향하에 있다는 사실과 그 영향력이 얼마나 강력한가를 재확인하면서 충격을 받는다.

당신은 또 성공적인 학생이 되는 데 필요한 기술 – 예를 들어 선생님에게 잘 보인다든지 학교 숙제를 잘하는 것 – 이나 그에 대한 보상이 직장에서 성공하기 위해 필요한 것들과 같지 않다는 것을 발견하고 놀랄 수도 있다. 대학과 직장은 근본적으로 다르다. 대학에서 얻는 지식은 물론 성공에 중요하다. 하지만 학교에서 성공하는 과정과 직장에서 성공하는 과정은 완전히 다르다. 교육이 당신을 어떤 측면에서 전문가가 되도록 대비시켰을 수 있지만, 업무 현장에서 당신은 그것이 성공을 하는 데는 형편없이 부족하다는 것을 알게 된다.

예를 들어 당신이 회계를 전공했다면 여러 중요한 회계 원칙을 배웠을 것이다. 그러나 아마도 당신은 훌륭한 회계사가 되는 데 필요한 모든 전문적인 기술을 배우지는 않았을 것이다. 예를 들어 고객이나 변호사와 의사소통을 하는 방법, 프로젝트팀과 함께 일하는 방법, 자신의 아이디어를 파는 방법 등에 대해서는 전혀 알지 못할 것이다. 하다못해 회계사로서 업무를 제대로 하기 위해서는 기본적으로 고객사와 긴밀한 의사소통을 해야 하는데 그 지점에서부터 애를 먹을지도 모른다.

더 좋지 않은 것은, 학교 문화와 직장 문화가 너무나 다르다는 것이다. 만일 당신이 고용주에게 대학이나 교수에게 했던 것과 같은 기대를 한다면 당신은 직장에 엄청난 실망을 할 것이다. 직장은 잘한 일에 대한 피드백보다 못한 일에 대한 피드백이 훨씬 빈번하고 강력하다. 그래서 학교 다닐 때 열심히 과제를 했듯이 열심히 업무를 해냈다 해도, 정말 잘했다고 어깨 토닥여주는 일은 자주 일어나지 않을 것이다. 반면 상사의 기대치에 미치지 못했을 때는 즉시 당신의 핸드폰이 울릴 것이고 눈물이 쏙 빠질 만큼 가차 없는 비판을 듣게 될 것이다. 만약 여기에 잘못 대처했다간 앞으로의 경력에도 영향이 미칠 것이다.

너무 혹독하게 들리는가? 하지만 사실이다. 그렇기에 대학이 가르쳐주지 않은 조직에서의 행동지침을 배워야 한다는 것이다. 직장 문화를 배우고 전문가가 된다는 것이 전공을 넘어 어떤 의미인지를 이해한다면 당신이 교

사회에 첫발을 내딛는 청춘들에게

실에서 하던 행동을 업무 현장에서 함으로써 웃음거리가 되는 일은 없을 것이다. 자신이 무엇을 잘못했는지 정말 모르겠다며 한숨짓던 존처럼 말이다.

갓 졸업한 신입사원들이 느끼는 대학과 직장의 차이점

다음의 목록은 갓 졸업하고 직장으로 온 신입사원들이 이야기하는 대학과 직장의 핵심적인 차이점이다. 한 눈에 볼 수 있도록 내용을 대비시켜 표로 만들어보았다. 자신이 신입사원이라면 아마도 충분히 공감이 될 것이고, 직장을 구하고 있는 예비 신입사원이라면 직장생활의 대략적인 그림을 그릴 수 있을 것이다.

학교와 회사에서의 이와 같은 차이점을 인식하지 못해서 당신이 피해를 볼 수 있는 몇 가지 예를 들어보자.

대학 vs. 직장에서의 첫해

대학	직장에서의 첫해
자주, 그리고 빠르고 구체적인 피드백 (예: 성적)	정기적이지 않고 모호한 피드백(예: 과업수행 방법 등)
매우 구조화된 교과과정과 상세화된 교육 프로그램	매우 비구조적인 업무환경과 이에 대해 구체적 지시가 없음
중요한 변화가 거의 없음	예기치 않은 변화가 빈번함
융통성 있는 일정(조정 가능한)	구조화된 일정(조정 어려운)
빈번한 휴식과 방학	제한된 휴가
시간, 강의, 흥미에 대한 개인적인 반응	다른 사람(상사, 고객)의 지시나 관심에 대한 반응
지적인 도전	조직과 사람에 대한 도전
여러 수준의 성적이 가능함(예: 교과별 성적에 대해 'A', 'B'를 선택할 수 있음)	항상 'A' 등급이 요구됨(예: 성과 수준)
개인의 계발과 성장에 집중	조직의 목표, 팀의 성과에 집중
창조하고 지식을 탐구할 수 있는 기회	지식으로부터 성과를 얻기 위한 기대
개인 차원의 노력	팀 차원의 노력
'맞는' 답	'맞는' 답은 많지 않음
아이디어와 생각에 대한 주체성(개성)	'회사의 방법'으로 해야 함(순응)
교수(보스)	상사(보스)
결단력이 많이 필요하지 않음	결단력이 많이 필요함

사회에 첫발을 내딛는 청춘들에게

● 대학에서 당신은 보통 무엇을 하고 어떻게 할지에 대해 많은 지시를 받았다. 전공과목의 교과과정이 강의 대부분을 차지했고 교수는 당신에게 무엇을 기대하는지 늘 말해줬다. 혹시라도 교수가 어떤 내용을 가르칠 것인지를 학기 초에 명확히 제시하지 않거나 시험 기간에 어디어디를 공부하라고 얘기해주지 않는다면 당신은 손을 들고 일어나 교수에게 따졌을지도 모른다.

직장에서는 당신이 상사로부터 그런 종류의 지시를 받는 일은 매우 드물다. 그러나 당신은 지시받는 것에 너무나 익숙하기에 상사가 무엇을 하라고 말해주지 않는다고 불평할 것이다.

● 대학 교육에서는 그 교수가 틀리고 자신이 옳다는 것을 설득하기 위해 자신의 입장을 논증하는 방법을 가르쳤다. 그래서 강의실에서의 토론은 종종 승자나 패자가 없는 철학적인 토론이 되기도 한다. 설익은 논리를 보완하기 위해 동원되는 재치나 수완도 종종 열정이나 신념으로 인정된다.

직장에서는 내가 옳다는 것을 증명하기 위해 상사에게 반박하는 것은 어떤 경우에도 좋게 비치지 않는다. 더군다나 당신이 회의 같은 공개석상에서 상사에게 그런 행동을 한다면, 해당 상사는 물론이고 나머지 동료들에게도 좋은 평판을 듣지 못할 것이다.

● 대학에서는 자신이 하고 있는 일을 수시로 알리고 제대로 하고 있는지를 확인받곤 했을 것이다. 선배든 교수든 도움을 줄 만한 사람들에게서 말이다. 만약 당신이 직장에서도 이처럼 끊임없는 피드백을 기대한다면 자신감 없는 사람이라는 인상을 남기는 것 외에 얻을 게 없다.

● 어떤 졸업생들은 교육을 통해 성장하고 계발하는 일에 너무나 익숙한 나머지 상사가 트레이닝에 충분히 참여시켜주지 않으면 불만을 가진다. 이런 부류의 신입사원은 조직이란 트레이닝도 중요하겠지만 기본적으로 생산성 있는 일이 최우선이라

는 사실을 잊고 있다.

- 어떤 졸업생은 왜 자기 생각을 충분히 발휘하고 도전할 수 있는 일이 주어지지 않느냐고 불만에 휩싸이기도 한다. 그들은 직장은 절대로 대학을 흉내 내지 않는다는 것을 깨닫지 못하고 있다.

당신은 속으로 '나는 아니야'라고 생각하고 있는가? 물론 대다수가 자신은 이런 사례들에 포함되지 않는다고 자신만만해한다. 그렇다면 다행이지만, 정말 그럴까? 하지만 조심해야 한다. 조심하지 않으면 이런 실수를 습관적으로 저지를 것이다. 오죽하면 로마의 시인 오비디우스가 '습관만큼 강하다'라는 말을 남겼을 것이며, 그 말이 오늘날까지 회자되고 있겠는가. 생각 없이 자연스러운 행동을 해선 안 된다. 지난 17년에서 19년 동안 해온, 학생으로서 자연스러운 행동 말이다.

전문가처럼 행동하는 것이 무엇인지 알고 있다고 생각할 수 있지만, 거의 모든 신입사원은 업무 현장에서도 자동으로 학교에서처럼 반응할 것이다. 그럼에도 그걸 깨닫지 못하고 있는 당신에게 사람들은 '순진하다'라는 딱지를 붙인다. 여기서 그 말은 우리가 보통 사용하는 긍정적인 어감이 아니라 '미숙하다', 다시 말해 '미덥지 못하다'에 가깝다는 걸 기억하기 바란다.

지금까지 학교생활을 하느라 몸에 밴 반사적인 행동을 버리고 직장을 일하는 곳으로 '다르게', 그러니까 직장 그 자체대로 받아들이는 데는 많은 노력이 필요하다. 그리고 이것이 성공적인 첫해를 위한 첫 번째 비결이다.

첫해에 정말 중요한 것은 무엇인가?

대부분의 대졸 신입사원처럼 아마 당신은 자신의 업무에 대해 많은 생각을 하고 있을 것이다. 얼마나 멋있는 도전인지! 마침내 그 긴 시간 동안 공부한 것들을 현실에 적용할 수 있게 되었다. 새로운 도전을 해결하면서 능력을 계발할 흥미진진한 기회를 갖게 될 것이다.

그런 한편으로 자신의 능력에 대해 조금은 불안하거나 걱정스럽거나 초조할 수도 있다. 아마 당신은 자신에게 수시로 이렇게 물을 것이다.

"이 도전에 성공할 수 있는 능력이 내게 있는가?"

"경쟁할 수 있을 만큼 충분히 알고 있는가?"

"이 일을 내가 정말 할 수 있을까?"

그렇다면 고용주 입장이 되어보자. 고용주는 무엇을 걱정할 것 같은가? 그들은 졸업생이 업무를 할 수 있는 능력이 있는가에 대해서는 걱정하지 않는다. 도리어 업무가 아닌 다른 요소를 다룰 수 있는 능력에 대해 염려한다. 그 요소는 이를테면 이런 것들이다. 새 아이디어를 기꺼이 배우려는 마음과 능력, 회사 문화에 적응하는 것, 동료들로부터 존중과 신뢰를 얻는 것, 조직의 정치적인 문제들, 효율적인 업무관계를 구축하는 것, 조직의 인정받는 구성원이 되는 것, 회사의 비공식적인 구조와 관행을 배우는 것, 말로 표현되지 않는 기대가 무엇인지를 발견하는 것, 회사 내 권력과 보상의 구조를 이해하는 것, 조직 내에서 업무를 성취하는 방법을 배우는 것 등등.

고용주 대부분은, 특히 큰 회사일수록, 기본 업무를 실행하는 데는 아직 서툴지만 다듬어지지 않은 재능과 능력이 있는 사람들을 고용하는 일에 아주 능숙하다. 초기 업무에는 다소 미숙하겠지만 그 정도는 문제가 되지 않을 정도로 재능이 있다는 점을 높이 사는 것이다. 그런데도 많은 새 졸업생은 재빨리 업무를 완수하는 것이 자신이 입증해야 하는 능력이라고 생각한다.

기업의 관리자들에게 보통 신입사원과 뛰어난 신입사원 사이의 차이점이 무엇인가를 물었을 때 대부분은 업무 실적을 논하지도 않는다. 그들은 이구동성으로 뛰어난 신입사원은 좋은 태도를 갖고 있고 사람들과 잘 어울리며 조직에 대해 빨리 배우고 적응하는 (이 책에서 우리가 논할) 다른 특성들을 보여준다고 이야기한다. 다시 말해 기본 업무를 잘하는 것만으로는 단지 보통의 성과 등급 밖에 얻지 못한다는 얘기다. 그럼에도 갓 졸업한 대학생 대부분은 직장에서 성공하기 위한 목표를 잘못 인식하고 있다. 즉, 업무 관련 지식과 기술에만 집중한다는 것이다. 왜일까? 대학이 그것들에 초점을 두기 때문이다.

첫해를 성공적으로 건너는 열두 단계 목표

다음에 제시하는 열두 단계는 고용주가 사실상 신입 사원들에 대해 염려하는, 업무가 아닌 다른 중요한 요소들이다. 이제부터 당신이 이 요소들에 집중하도록 안내하겠다. 보통의 실적을 올리는 사람 이상이 되기를 원한다면 당신은 관점을 바꾸어야 한다.

첫해 동안의 목표는 단순한 생산성 이상의 것들을 포

함해야 한다. 동일하게 중요한 세 개의 목표가 있는데 첫째는 새로운 조직에 구성원으로 받아들여지는 것, 둘째는 존중되는 것, 그리고 셋째는 신뢰를 얻는 것이다.

조직은 사람들로 이뤄진 곳이다. 그렇기에 고용되었다는 것이 곧 모두가 당신을 '그들의 하나'로 받아들인다는 의미는 아니다. 그것은 당신이 얻어야 하고, 나아가 존중과 신뢰도 얻어야 한다. 동료들은 당신, 당신의 전문 지식 또는 당신의 기여를 저절로 존중하지는 않을 것이다. 대학에서 성공했기에 고용되는 단계까지는 성공했을지라도, 직장에 들어서면 이내 다음 과제에 뛰어들어야 한다. 당신은 이곳에서 자신을 처음부터 다시 입증해야 한다.

당신이 대학을 갓 졸업했고 경험이 너무나 없다는 점은 사실이므로 동료들이 편견을 가져도 어쩔 수 없다. 그러니 당신은 전문가 못지않은 분별력을 갖췄고 존중을 받을 가치가 있음을 그들에게 납득시켜야 한다. 그런 과정을 거친 다음에야 사람들은 당신의 전문 지식, 경험,

사회에 첫발을 내딛는 청춘들에게

기여를 믿을 수 있고 가치 있다고 생각할 것이다.

이제 당신이 구체적으로 무엇을 배워야 하는지를 알아보자. 핵심 계발 과제를 제시하는 열두 단계 과정은 조직에 들어가는 신입사원을 위해 이 부문에 대한 지침서 역할을 한다.

각 단계는 다음과 같이 네 영역으로 분류된다.

개인적 초점

1단계 올바른 태도를 취하라.

2단계 기대를 조절하라.

3단계 직장에서의 다른 룰을 익히라.

사람 초점

4단계 좋은 인상을 만들라.

5단계 효율적인 대인관계를 구축하라.

6단계 상사의 훌륭한 추종자가 되라.

조직 초점

7단계 조직의 문화를 이해하라.

8단계 조직의 체제에 적응하라.

9단계 신입사원으로서의 역할을 이해하라.

업무 초점

10단계 영리하게 일하는 방법을 계발하라.

11단계 자신의 업무에 능숙해져라.

12단계 필요한 지식, 기술, 능력을 얻으라.

열두 단계 중 1단계부터 9단계까지 앞의 아홉 단계는 당신이 세 가지 첫해 목표를 달성하는 것(조직 스킬)과 관련이 있고, 회사 내에서 업무를 보다 잘 수행하기 위해 필요한 준비에 도움이 될 것이다.

그리고 10단계부터 12단계까지 마지막 세 단계는 업무(업무 스킬)와 관련이 있다. 이를 통해 당신에게 부여된 임무에 대해 프로세스를 성공적으로 수행하고 보다 생산적이 될 수 있게 한다.

첫 아홉 단계를 밟음으로써 당신은 자신의 전문가다운 능력을 입증하고 조직에서 받아들여지고 존중받으며 비즈니스가 어떻게 이루어지는지에 대해 배우게 된다. 그후, 오직 이 단계들을 거친 후에야 당신은 자신의 일에 뛰어난 성과를 얻을 수 있다.

업무 관련 단계가 마지막이라는 점을 보고 놀랐는가?

물론, 당신은 자신에게 주어진 일에 능숙해야 한다. 그러나 뛰어난 직원이 되는 것은 (이것이 당신의 전반적인 목표여야 한다) 전문적 기술 또는 노하우 이상의 것을 요구한다. 당신이 아무리 훌륭해도 또는 학교에서 아무리 성공적이었어도 업무 이외의 측면을 먼저 통달하지 않고 첫해 말에 뛰어난 성과 등급을 받는 것은 거의 불가능하다. 왜일까? 주어진 어떤 임무에서 결과를 얻으려면 (결과가 중요하다는 것을 명심하라) 당신은 다른 사람과 함께 조직 체제 안에서 일해야 하기 때문이다. 그리고 당신은, 당신뿐만 아니라 누구도 사람과 조직을 진실로 이해하지 않고는 일을 이해할 수 없다.

3장

: 1단계 :

올바른
태도를
취하라

대졸 신입사원에 대한 고용주의 불평 중에서 가장 많은 것은 그들이 업무 현장에서 보이는 태도에 관한 것이다. 학교를 다니는 동안 격려받고 권장되었던 일부 태도는 고용주의 눈에는 상당히 거슬린다.

　그러니 성공하려는 당신이 해야 할 1단계는 '올바른 태도'를 배우는 것이다. 주변을 둘러보고 조직에서 성공적인 경력을 구축한 사람, 사람들에게 존중받는 사람을 찾으라. 그들은 동료, 자신의 일, 조직과 조직의 미래에 대해 어떤 태도를 갖고 있는가? 당신 자신도 그들과 비슷한 태도를 계발하도록 노력하라.

　이런 모방은 절대 자존심 상하는 일이 아니다. 도리어 자신이 옳다고 믿어왔던 가치들을 재점검할 수 있는 홀

룡한 기회가 된다. 회사 내에서 모범이 되는 롤모델을 부지런히 찾고 부지런히 따라 익히라.

거의 모든 조직의 관리자들이 말하는, 대졸 신입사원들이 계발해야 하는 중요한 태도와 특성에는 대표적으로 다음과 같은 것들이 있다.

대충 읽고, 너무나 뻔한 얘기 아니냐고 생각해서는 절대 발전할 수 없다. 행간의 메시지까지 찾을 수 있도록 하나하나를 시간을 들여 읽고 자신의 모습에 비추어 보라. 지금 약간의 시간을 더 들여서 앞으로 옳은 방향으로 나아가는 데 도움이 된다면 해볼 만한 일 아니겠는가.

첫째 덕목은 겸손이다

대학을 졸업했다는 사실은 당신에게 자신이 중요하고 능력이 있다는 허황된 생각을 남길 수 있다. 물론 대학을 졸업하기까지 엄청나게 힘든 과정을 거쳐온 것은 사실이다. 수많은 시험에 통과해야 했고 힘에 부치는 과제를 해내느라 며칠 밤낮을 지샌 일도 허다했을 것이다. 그러니 되돌아보면 스스로가 얼마나 뿌듯할까. 그 마음 충분히 이해하고, 정말 고생했다.

하지만 대학은 당신에게 기초만을 제공했을 뿐이다. 기초 과정을 마친 당신은 이제 본 과정을 앞두고 있다. 당연히 기초보다는 만만한 과정이 아님을 짐작할 수 있을 것이다. 당신은 앞으로 필수적인 학위를 하나 더 얻어야 하는데, 그 전공과목의 이름은 직장 세계의 현실이다. 그리고 이번 세계는 지금까지의 세계와 모든 면에서 다르다.

이 과도기를 가장 힘들어하는 졸업생들은 의외로 캠퍼스에서 리더로 활약했거나 공부를 잘하던 학생들이다. 회의를 진행하고, 의제를 정하고, 대학의 고위급 행정직원들을 직접 접하면서 '어떤 일이 일어나게' 하는 능력을 갖췄던 학생들 말이다. 그 대표적인 예로 학생회 회장이었던 메리 이야기를 해보겠다.

캠퍼스를 종횡무진하며 엄청나게 중요한 일을 떠맡아 왔던 메리는 대학을 졸업한 후 첫 직장에서 갑자기 다른 위치에 있게 되었다. 권한이 거의 없거나 아예 없고 아주 적은 특권을 가진, 팀에서 가장 지위가 낮은 구성원이 된 것이다. 사실 신입사원의 직위란 이런 것이잖은가. 하지만 메리는 이러한 상황에 쉽게 적응할 수 없었다. 자신의 새로운 위치, 제약은 많고 권리는 적은 그 위치에 반발했다. 특히 가장 두드러진 모습은 회의 때 나타났다. 지위 고하를 떠나 회의 참가자들의 의견을 취합하고 하나의 방향을 만드는 일, 즉 리더로서의 예전 역할을 맡으려고 했다.

하지만 그러한 시도는 곧 좌절됐다. 상사와 동료들의 부정적인 반응에 부딪혔고 끊임없이 자신을 방어해야 했다. 고민에 빠졌던 메리는 자신이 무언가를 잘못 하고 있다는 사실을 깨달았고, 점차 겸손해졌다.

이 사례는 대체로 좋은 결과를 맺었다고 할 수 있다. 메리가 자신을 되돌아보는 대신 지금까지의 행동을 더욱 강화했다면 그녀는 분명히 건방지고 제멋대로라는 평판을 얻으면서 조직원들에게 소외당했을 것이다.

물론 모든 사례에서 이처럼 좋은 결과가 나오지도 못하며, 직장생활 내내 좌충우돌하다가 꺾이고 마는 예도 많이 봐왔다. 그런데 만약 메리가 이 점을 입사 전에 알고 있었다면 어땠을까? 초반 몇 주 또는 몇 개월을 힘겹게 보내지 않을 수 있었을 것이고 동료들과의 껄끄러운 시기 없이 화합하는 출발을 할 수 있었을 것이다.

지속적으로 배우고자 하라

고용주에게 가장 중요한 것은 당신이 얼마나 알고 있는가가 아니다. 앞으로 얼마나 더 많은 것을 배워야 하는지를 이해하고 기꺼이 배우려 하는 자세다. 그러니 배울 수 있는 모든 기회를 움켜잡으라.

첫째, 업무가 조금 한가해지면 무언가를 공부하라. 그저 멍하니 앉아 있거나 쓸데없이 웹서핑을 하거나 전화로 잡담을 하거나 하는 모습은 절대 득이 되지 않는다.

둘째, 회사 내에 교육 기회가 있다면 적극 이용하라. 그 교육 내용이 무엇이냐도 중요하겠지만 정말 중요한 것은 당신이 교육을 받고자 한다는 사실이다. 그 시간을 내기 위해 업무를 보다 효율적으로 처리하고 바삐 움직이는 당신을 보면서 격려해주고 싶지 않은 상사나 동료는 없을 것이다.

셋째, 혹시 회사 내에서 어떤 문제점을 느꼈다면 누군가에게 당신이 생각하는 답을 말하기 전에 먼저 질문을 하라. 당신이 느낀 그 문제점을 다른 사람들도 느꼈을 수 있고 전혀 인식하지 못했을 수도 있다. 만약 다른 이들도 알고 있던 문제라면 그것이 지속되는 데에는 나름의 이유가 있을 것이다. 그렇게밖에 될 수 없는 이유라거나 알

사회에 첫발을 내딛는 청춘들에게

고는 있지만 개선하지 못했던 이유 같은 것 말이다. 그리고 전혀 인식하지 못했던 상황이라면 당신이 그 사안에 대해 조심스럽게 이야기를 꺼냄으로써 주의를 환기시키는 효과를 얻을 것이다. 다만 문제만 짚을 뿐 당신이 먼저 답을 제시하지는 말라. 그 문제에서 당신은 뭔가를 배우고자 한다는 뜻을 분명히 드러내라.

넷째, 당신이 이전에 배운 것들에 대해 이의가 제기되더라도 저항하지 말라. 당신이 한 번도 의심해본 적 없이 옳다고 믿었던 그 사실이 틀렸을 수도 있고, 어쩌면 이곳은 다른 관점으로 적용되는 곳일 수도 있으며, 동료 대부분은 그 점에 동의하고 있을 수 있다. 반발 대신 질문을 하라. 동료들은 당신이 영리하다는 것을 충분히 알고 있으니, 이제는 당신이 배울 수 있다는 것을 보여주라.

변화에 적응하는 융통성

갓 졸업한 신입사원 대부분이 직장생활에 대해 갖는 불평은 '그들이 내게 말해준 대로가 아니다'라는 것이다. 여기서 그들이란 학교에 찾아와 회사 홍보를 했던 사람들, 면접관들 혹은 오리엔테이션에서 회사나 업무에 대해 설명했던 각 부서 사람들 그리고 출근 첫날 축하 인사를 건넸던 직속 상사나 같은 부서 동료들일 것이다.

당신은 어떻게 생각하는가? 그 각 단계의 사람들이 모두 거짓말을 한 거라고 보는가? 물론 과장된 부분은 있을 수 있다. 인재를 유치하기 위해 학교마다 찾아다니는 홍보 요원들이 또는 신입사원을 앞에 둔 부서 대표들이, 회사 전체나 각 부서의 개선해야 할 사항까지 시시콜콜 얘기하지는 않을 것이며 좋게 들릴 소리만 하는 건 사실이니까. 하지만 그 얘기만 철석같이 믿고 다른 점을 고려해보지 않았다면, 당사자의 불찰이 없다고는 말할 수 없는 것 아닐까?

조직생활에는 변화가 많고 대졸 신입사원들은 융통성이 있어야 한다. 하나의 사안이 어떻게 풀려갈지는 아무도 모른다. 다만 목표를 가지고 우리 편의 의도대로 풀려가도록 노력할 뿐이다. 대학에서는 변화가 마음에 들지 않으면 저항할 수 있었다. 하지만 비즈니스 조직에서는 변화에 적응하려고 노력해야 한다는 점을 명심하라. 수시로 변화하는 상황에 적응하고자 융통성을 발휘하는 태도가 점수를 얻고, 이 세계에서 살아남는다.

존중받으려면 먼저 존중하라

당신의 조직은 어떤 이유에서든 지금 그 상태이고 그렇게 운영되고 있다. 완벽한 조직은 소수이지만, 비록 자신의 조직이 완벽하지 않다 하더라도 그 소속원으로서 당신은 비평이 아니라 존중의 태도를 지녀야 한다. 지금 그대로의 모습을 말이다. 조직의 현재 모습을 존중한다는 것은 구체적으로 조직의 현재 구성원들을 존중한다는 얘기다. 즉 그들이 일하는 방식, 대화하는 방식, 문제를 풀어가는 방식을 존중한다는 뜻이다. 조직에 소속된 이상 기존 구성원들이 당신과 당신의 지식, 기여를 존중해주기를 원한다면 당신이 먼저 그들을 존중해주어야 한다.

자신감, 그러나 옳은 자신감

고용주들은 자신감을 보기 원한다. 하지만 그것은 옳은 종류의 자신감이어야 한다. 새로운 관점을 가지고 있지만 자신이 아직은 조직을 잘 알지 못한다는 겸손과 잠재적 능력이 겸비된 자신감이 있을 때 이것이 옳은 자신감이다. 지금까지 자랑할 만한 수많은 일을 성취했다 하더라도 지금 할 수 있는 일에 대해 현실적이어야 한다.

조엘 이야기를 예로 들어보겠다. 조엘은 학교 졸업반

때 건축 모델을 디자인하여 큰 상을 받았고 졸업 직후 건축회사에 입사했다. 자신의 이전 수상 경력에 자신감을 가졌던 그는 회사에서 3억 달러짜리 오피스 단지를 디자인하는 프로젝트가 시작되자 자신이 핵심 건축가로 선정될 것이라 믿었다. 하지만 당신도 짐작하다시피 그렇게 되지 않았고, 조엘은 회사의 처사에 반발했다.

그 결과는 어떻게 되었을까? 화려한 수상 경력이 있는 건 사실이지만, 현재 회사에서 조엘이 한 행동은 자신이 '풋내기'임을 분명히 드러냈을 뿐이다. 그의 자신감은 경험이 더 많은 동료들에게는 너무나 지나친, 바보 같은 자부심이었다. 핵심 역할이 주어질 것이라고 추정하는 대신 대학에서 배운 기술로 그가 프로젝트에 필요한 도움을 줄 수 있다고 생각했다면 조엘은 더 존중받았을 것이다. 바꿔 말하면, 조엘이 겸손했다면 도리어 그의 자신감이 부각되었을 것이라는 얘기다.

선입관을 버려라

당신이 직장에 가져올 수 있는 최악의 태도는, 일은 어때야 하고 어떻게 그 일을 해야 하며 내가 해야 할 일이 무엇이라는 선입관이다. 미리 정해놓은 틀을 들고 회사로 들어와 끼워 맞추려 하겠지만, 한 번도 제대로 되지 않는다는 사실만 깨닫게 될 것이다.

회사는 살아 있는 사람들이 모여 끊임없이 활동하는 곳이다. 당연히 회사 역시 생명체처럼 끊임없이 움직인다. 그러한데 이러이러해야 한다라고 '미리' 정해놓는 것이 과연 통할까? 자신에게 좌절감만 가져다줄 뿐 도움되는 일은 없다.

조직과 조직이 일하는 방법에 대해 열린 마음으로 시작하라. 새로운 사고방식과 업무방식을 기꺼이 따르고 새로운 경험에 마음을 열라.

멀리 보라

직장에서의 첫해는 사실상 어떤 성과를 이루기보다 미래를 위한 기초를 쌓는 시기다. 당신의 고용인은 당신이 발전하는 데는 몇 달이 아니라 몇 년이 필요하다는 사실을 알고 있다. 하지만 대학을 갓 졸업한 신입사원들은 보통 더 근시안적이다. 대학을 다닐 때 6주에서 15주까지 지속되는 학기 단위의 강의를 받는 데 익숙해 있었기 때문이다.

그러나 전문가로 성공하려는 사람은 "나는 긴 안목으로 여기에 있다. 오늘 또는 이달에 내가 한 일에 대한 보상은 장래의 성공을 위해 준비하고 노력하는 것만큼 중요하지 않다"고 말한다. 이런 태도를 가진 사람들은 재미는 없지만 훌륭한 훈련이 되는 임무를 기꺼이 떠맡는다.

이제 평생 직장이라는 말은 거의 사라졌다. 일단 어떤 회사든 들어가기만 하면 큰 실수가 없는 이상 그곳을 평생의 밥벌이 공간으로 삼을 수 있었던, 그 좋은 시절은 지나갔다. 그런데 그 사실은 한 직장에 최선을 다할 필요가 없다는 것을 말하지 않는다. 오히려 시간상으로 장기적인 안목을 갖고 최고의 전문가가 되어야만 함을 뜻한다.

직업의식이 뭔가를 보여주라

'직업의식이라니, 너무 빤한 소리군' 하고 생각했는가? 하지만 이 항목을 슬쩍 건너뛰거나 그 중요성을 무시하지 말라! 우리로서는 자신이 노력가라고 생각하지 않는 졸업생을 만난 적이 없지만, 고용주들은 거기에 동의하지 않는다. 너무나 안일하게 생각하는 신입사원이 많다는 것이다.

갓 졸업한 신입사원 대부분은 직장생활이 대학생활보다 훨씬 힘들다고 생각한다. 반면 고용주들은 졸업생들이 열심히 일할 준비가 되어 있지 않다고 자주 불평한다. 일부를 가지고 지나치게 일반화하는 거라고 생각하는가?

십여 년에 걸친 우리 연구 과정을 보면 절대 그렇지 않다.

그러니 이 충고에 주의를 기울이라. 당신, 그러니까 갓 졸업하고 회사라는 곳으로 생활 중심지를 옮긴 당신에게 직업의식이란 무척 단순한 것이다. 일테면 성과가 아니라 태도에 관한 것이다. 먼저 출근하고 더 늦게까지 남을 것이며 팀 프로젝트에 자원하고 더 열심히 배우라. 직장생활 첫해는 대학과 직장의 차이점 때문에 이후의 어떤 시기보다 더 힘든 때다. 그러므로 추가적인 노력이 요구되고 그 노력을 하면 눈에 띄게 된다. 남보다 특별히 노력하고 주어지는 일은 무엇이든 열심히 하라. 그 일이 아무리 사소하게 여겨지더라도 말이다.

긍정적인 태도

대학에서는 아무 때나 불평을 늘어놓을 수 있었다. 교수님, 멍청한 과제, 형편없는 행정, 심지어는 해야 할 공부량이 너무나 많다고 불평할 수도 있었다. 하지만 당신의 고용주는 불평을 극도로 싫어한다. 어떤 일에서든 긍정적인 태도를 보고 싶어한다. 더욱이 오래 근무한 사원이라면 혹시라도 불평을 할 수 있겠지만 신입일 때는 절대 용인되지 않는다.

너무나 힘들어서 동료들과 '불평 토로회'라도 열고 싶겠지만 그리고 실제로 그렇게 하는 신입사원들이 많지만, 당신은 거기에 참여하고 싶은 유혹을 끝끝내 물리쳐야 한다. 그런 방법은 건강하지도 않고, 문제를 개선하기는커녕 더 큰 상처만 만들 수 있다.

그리고 한 번 불평을 입에 올리기 시작하면 금세 습관이 되어 아무 데서나 불평을 하게 된다. 그러면 어떤 결론으로 치달을지 눈에 뻔히 보이지 않는가? 부정적인 성향은 유혹적이지만 동시에 파괴적이기도 하다는 걸 명심하라.

사회에 첫발을 내딛는 청춘들에게

4장

: 2단계 :

기대를
조절하라

대졸 신입사원이 첫해 동안 경험하는 불만의 주된 원인은 직장생활에 대한 기대가 너무나 크다는 데 있다. 다시 말해 당신이 경험할지도 모르는 불만은 기대와 현실의 차이일 뿐이라는 것이다. 기대를 현실적으로 유지하면 실망하지 않는다. 직장의 많은 측면이 생각과는 다를 확률이 높으므로 자신이 놀라게 되리라는 걸 예상해야 한다.

　첫 출근을 하는 당신은 그간 회사에 대해 품어온 이미지가 너무 장밋빛일 수 있다는 점을 생각해두어야 한다. 그리고 채용 과정에서 받았던 특별한 관심은 이제 더 쏟아지지 않을 거라는 점도 깨달아야 한다. 첫 직장의 현실은 기대했던 만큼 화려하거나 중요하거나 높은 수준이 아니다. 고용주들은 대부분 대졸 신입사원의 기대를 불만스러워하기 때문에, 당신이 현실적이라면 그에게 좋은 인상을 주는 데 유리해진다.

예를 들어, 당신이 곤란한 상황에 처했을 때 동료들이 하던 일을 멈추고 항상 당신을 도울 거라고 기대하지 말라. 사무실 안에서 내려지는 결정이 항상 올바를 것이라는 기대도 접으라. 어떤 조직이든 분위기라는 게 있어서 외부인(만약 당신이 여전히 외부인다운 관점을 유지하고 있다면 여기 포함된다)이라면 고개를 갸우뚱거릴 만큼 비논리적인 결정이 허다하다. 왜 그렇게 되느냐면, 일을 하는 데는 사람 간의 관계와 팀워크가 당신이 상상하는 것보다 훨씬 중요하기 때문이다.

불만인가, 기대인가

대졸 신입사원들은 종종 업무의 성격부터 시작하여

그 업무가 주는 압박감, 업무 시간, 해야 하는 일의 종류 등이 그들이 기대했던 것과 얼마나 다른지에 대해 이야기한다. 그리고 대부분 그것은 불평으로 이어진다.

여기서 한 가지를 생각해보아야 한다. 상황이 정말로 도저히 이해할 수 없는 수준으로 엉망진창인 것인가, 아니면 단지 자신의 예상 수준과 다른 것인가. 불평을 품게 된 근본적인 이유가 무엇인가.

직장생활에 대한 기대는 대학생활의 경험이 가장 많은 영향을 미친다. 그래서 가장 많은 피해를 준다. 당신이 불만에 차 있고 다음과 같은 생각을 하고 있다면, 직장이 대학과 비슷하기를 여전히 기대하고 있기 때문이다.

- "내가 얼마나 잘하고 있는지 알 수가 없어."
- "일이 재미없어."
- "인사 담당자가 말했던 것과 달라."
- "아무도 내가 뭘 해야 하는지 말해주지 않아."

- "상사가 나한테 정말 관심이 있다면 나를 도와줄 거야."

- "여기서 어떤 식으로 업무가 이루어지는지 아무도 말해주지 않아."

- "윗선에서 계속 마음을 바꿔."

- "이건 지루하고 고된 일이야. 내 수준에 맞지 않아."

- "동료들은 새 아이디어를 원하지 않아."

자신이 얼마나 잘하고 있는지에 대해 수시로 피드백을 받고, 상사나 동료가 늘 도와줄 것이며, 어떤 일을 어떻게 하라고 구체적으로 알려준다면 당신의 불만은 사라지고 일이 재미있어질까? 그렇다면 그다음에 상사나 동료는 당신을 위해 무엇을 또 해주어야 할까? 이런 문제는 당신이 여전히 학생이고자 하기에 일어나는 것은 아닐까?

이런 불만들이 실제 문제의 징후일 수도 있는 반면, 첫해에는 특히 학생적 사고방식의 결과일 가능성이 높다. 그러니 '새 출발'을 하라.

5장

: 3단계 :

직장에서의
다른 룰을
익히라

직장에서 첫해에는 다른 룰이 적용된다는 것을 앞에서 계속 강조했다. 그 룰을 익히는 것을 우리는 '훈련'이라고 부른다. 성공적인 신입사원이 되기 위해 훈련에 임하는 기본적인 사항을 좀더 살펴보자.

그렇지 않다고 증명할 때까지 당신은 외부인이다

 이것은 당신이 항상 기억해야 하는 기본적인 사실이다. 조직이 당신에게 월급을 준다고 해서 당신을 구성원으로서 받아들인 것은 아니다. 기존 구성원들은 당분간은 당신을 자신들과 다르다는 관점에서 바라볼 것이다.

그들은 끊임없이 관찰하고 평가하면서 수시로 의아스러운 점을 발견할 것이다. 당신은 그들과 이미 한몸이 되었음을 지속적으로 보여야 한다. 조직에 수용되는 것은 전적으로 당신이 하기에 달렸다.

그 조직의 일부가 되기 전에는 시스템을 바꿀 수 없다

대졸 신입사원은 자신이 대학에서 배운 어떤 아이디어를 현실에 적용해보고 싶어할 수 있다. 그리고 실제로 그렇게 함으로써 조직에 새로운 관점을 가져오고 그동안 다른 직원이 볼 수 없었던 개선의 기회를 발견할 수도 있을 것이다.

그러나 조심하라. 회사에 변화와 개선을 제의하는 것은 일단 현 시스템이 어떤 점에서 결함이 있음을 지적하는 일이다. 내부인이 조직을 비판하거나 변화시키려고 한다면 그것은 건설적인 일로 간주된다. 그런데 외부인 (바로 당신!)이 비판하거나 변화를 제의하면 대개는 공격으로 비친다.

조직 자체를 이해하려면 그 조직의 일부가 되어 어느 정도의 시간이 지나야 한다는 게 일반적인 생각이다. 그렇게 조직 전체를 이해한 다음에야 그중 일부나마 비판할 수 있다는 것이 같은 맥락에서 일반적인 생각이다.

기존 구성원 대부분은 신입사원들이 현 시스템과 거기에 들어간 노력을 이해하고 존중해주길 원한다. 충분히 그렇게 했다고 공공연히 인정되기 전까지는 시스템에 대해 비판받기를 원치 않는다.

뭔가를 바꾸고 싶다면, 당신의 아이디어가 몹시 출중하고 놀라운 성과가 나올 거라 자신한다 하더라도, 조금만 참으라. 때가 되면 사람들도 당신의 제의를 기꺼이 받아들일 것이다.

'큰 주목'을 끄는 전략을 피하라

새 조직에 들어가면 '큰 주목'을 끄는 방법으로 자신이 얼마나 영리하고 재능 있는지를 보여줄 필요가 있다는 게 사회적인 통념이다. 그래서 동료들을 감동시키기 위해 큰 기여를 하고 훌륭한 아이디어를 생각하려고 노력하면서 돌격하는 것이 당신의 자연적인 경향일 수 있다.

그런데 그 사회적인 통념에는 약간의 모순이 존재한다. 큰 틀에서 통념은 그러하지만, 정작 자신의 조직 안으로 시야를 한정하면 사람들은 대개 보수적인 입장이 된다는 것이다. 다시 말해 자신들이 일하는 조직에 새 사람이 왔는데, 그가 '큰 주목'을 끌고자 일을 벌이면 대체로 곱지 않은 시선을 보낸다는 얘기다.

당신이 새 조직에 들어갈 때 이 점을 염두에 두어야 한다. 조직을 잘 이해하기 전에 '큰 주목'을 욕심 냈다가는 당신 자신만 난처해질 수 있다. 십중팔구, 거의 틀림이 없다.

역설적이게도, '큰 주목'을 끄는 가장 빠른 방법은 그 것을 시도하지 않는 분별력에 있다. 뭔가를 함으로써가 아니라 하지 않음으로써 좋은 인상을 남기는 것이다.

모르는 것을 인정하는 것이 아는 것을 보여주는 것보다 더 중요하다

가장 긍정적인 인상을 남기는 방법은 당신이 얼마나 많은 것을 아는지를 보여주는 것이 아니라 오히려 모르는 것이 얼마나 많은지를 인정하는 것이다. 그리고 이것이 곧 전문가다운 분별력이다. 이는 회사와 회사 사람들에 대해 되도록 많이 알아내기 위해 먼저 눈과 귀를 여는 것을 뜻한다.

변화를 이끌고자 참신한 제안을 하거나 그 아이디어가 받아들여지길 바라기 전에 업무가 어떻게 이루어지는지를 이해할 필요가 있다. 이것이 조직의 분위기를 읽고 적응하는 하나의 요령이다.

당신에게 조직이 이전에 접하지 못한 정말 놀라운 아이디어가 있다 해도 조직이 어떻게 운영되는지를 이해할 때까지는 동료나 상사에게 그 아이디어가 받아들여지도록 설득할 수 없다. 그들은 대학이 당신에게 직장에서 성공하는 데 필요한 것의 일부만을 제공했다는 사실을 안다. 그러니까 당신의 아이디어는 당신이 확신하는 것에 비해 엄청나게 설익은 것일 수 있다. 시작하는 단계에서 이미 준비가 되었다고 믿는 실수를 저지르지 말라.

순응이 개성보다 더 중요할 수 있다

조직에 받아들여지려면 보통 생각하는 것보다 더 많은 조직의 규칙, 규범, 사내 관행에 대한 순응이 요구된다. 신입사원으로서 당신은 시스템에 도전함으로써 수용되는 것이 아니고 그에 적응함으로써 수용된다. 자신의 스타일을 계발하고 개성을 드러내며 업무를 자신에게 더 어울리게 응용할 기회는 이후에 충분히 누릴 수 있을 것이다.

예를 들어 당신은 입사 첫해에 시도 때도 없이 잦은 회의가 요구되는 팀 프로젝트에 배정될지도 모른다. 그런데 당신이 팀으로 일하는 것을 좋아하는 사람이 아니라고 가정하자. 당신은 팀 배정에 대하여 두 가지로 반응할 수 있다. 하나는 그 안에 들어가 역할을 찾는 순응형 방식이고 이것이 조직이 바라는 바다. 물론 신입 딱지가 붙어 있는 동안은 그렇다는 얘기다.

또 하나는 자신의 역량을 더 잘 발휘하는 방법은 팀이 아니라 혼자 일하는 것이므로 그렇게 해달라고 팀장에게 요구할 수도 있다. 이것은 우리가 조언하는바, 좋은 방식이 아니다. 팀에서 당신은 아직 신입사원으로 여겨지고 있으며 그처럼 튀는 행동이 미숙함에서 비롯된 것으로 판단할 것이다. 당신에게 그런 역량이 충분한지 아닌지는 여기서 고려대상이 되지 않는다. 도리어 팀원이나 팀장은 '혼자 할 수 있다면, 여럿이 하면 더 잘할 것'이라고 생각할 것이다.

자신의 일하는 스타일을 주장하고 싶다면 우선은 조직의 일하는 스타일에 적응하라. 거기서 성과를 낼수록 당신이 스타일을 찾아 갈 시기가 빨라질 것이다.

옳은 실수를 하라

옛말이 맞다. 성공보다 더 나은 마케팅 전략은 없다. 그러려면 성공할 기회를 찾아야 한다. 홈런까지도 필요 없고 그저 확실한 안타 정도만 돼도 괜찮다. 그러노라면 실수도 잦기 마련인데, 실수가 반드시 감점 요인이 되는 것만은 아니다.

다만, 실수를 하되 옳은 종류의 실수를 해야 한다. 미숙함이나 참을성 없는 행동 때문에 하는 실수가 아니라 배우면서 하는 실수여야 한다. 당신이 믿을 수 있고 열심히 일하며 적응력 뛰어나고 전문가다운 분별력을 갖춘 직원이라는 인상을 심으라. 그렇게 하면 '나선형 성공'에 빨리 올라타게 될 것이다.

6장

: 4단계 :

좋은
인상을
만들라

신입사원으로서 첫해에는 자신의 인상을 관리하는 데 높은 가치를 부여하라. 이 기간에 당신이 하는 모든 행동과 말은 면밀히 주시되고 있음을 늘 염두에 두어야 한다.

　우리가 면담한 한 관리자는 이렇게 말했다. "당신은 지금 현재 어항에 있다. 어디서 일을 시작하든, 그것이 무엇이든, 많은 사람이 당신을 주시하고 당신의 능력을 평가하려고 한다." 거기에는 동료, 상사, 경우에 따라서는 부하 직원까지 모두 포함된다. 그러므로 당신의 목표는 조직에서 수용할 수 없는 행동을 하지 않는, 긍정적인 행동을 하는 사람으로 알려지는 것이다.

　업무 현장에 대학생 때의 방식을 가져오는 신입사원은 불리한 출발을 하게 된다. 그들은 '풋내기에 불과하다', '미숙하다', '덜 자랐다' 등의 평가를 깔고 들어간다. 이러한 평판은 당신이 좋은 기회를 빨리 얻지 못하고 덜 중요한 역할로 밀려나게 할 수 있다. 초기에 가장 좋은 인상을 남긴 사람들에게 중요한 프로젝트 같은 성공 기회가 먼저 주어지고, 당연히 그들이 가장 눈에 띄는 사람이 된다.

좋은 인상을 만들기 위한 세 가지 도전

당신이 신입사원 시절에 보인 모든 행동은 이후 당신에 대한 인식과 평판으로 확대, 적용될 것이다. 앞으로 경력을 쌓고 직업적인 좋은 명성을 구축하는 과정에서 업무상의 실수나 대인관계에서의 실수가 빈발할 것이다. 이때 실수로부터 당신을 보호해줄 가장 강력한 안전망은 당신이 거둔 실적과 성과다. 하지만 첫해에는 그런 실적이 없으므로 다른 사람이 당신에 대해 갖는 인상과 인식이 정말 중요하다. 당신이 신입사원일 때는 가장 작은 실수도 그 인식이 확대되어 강한 인상을 형성하는 데 한몫한다.

조직은 모두 다르므로 '바른' 인상이 무엇인지를 정확하게 정의하기는 어렵다. 그래서 좋은 인상을 만드는 첫째 도전은 조직이 무엇을 보길 원하는지를 알아내는 것이다. 지금까지의 연구 결과로 이야기한다면 좋은 태도, 현실적인 기대, 직장의 룰을 익히는 것이 즉시 좋은 인상을 만든다고 할 수 있다. 바로 앞에 거쳐온 1~3단계에서 논한 것이 그것이다. 그리고 그 과정을 제대로 배웠다면 이 4단계의 기초를 갖췄다고 볼 수 있다. 이런 특성이 있는 대졸 신입사원들은 정말 어디서든 돋보인다.

당신의 두 번째 도전은 강하고 긍정적인 첫인상을 만들기 위해 행동에 주목하는 것이다. 초기에는 동료들이 당신을 잘 알지 못하기에 당신이 별로 중요하다고 생각하지 않는 작은 것들조차 주목받게 마련이다. 때로는 그

작은 것들이 사람들이 당신에 대해 판단할 때 사용할 수 있는 유일한 정보가 되기도 한다.

예를 들어 팀 프로젝트를 돕기 위해 자원하고, 회의에서 오가는 이야기를 집중해서 들으며, 일을 배우기 위해서 집에 매뉴얼을 들고 가는 모습에도 당신이 생각하는 것보다 훨씬 많은 의미가 담긴다. 이런 행동을 하는 신입사원에게 동료들은 이렇게 말할 것이다.

"저 여사원은 잠재적인 능력이 있어."

"그 사람 똑똑한 것 같아."

"그 사람은 괜찮은 신입사원인 것 같아."

당신은 아직 아무 성과도 보여주지 않았지만 사람들은 그렇게 보고 평가하고 기대하게 된다. 그들은 당신과 어울리고 싶어하고 당신에 대해 알고 싶어하며 도와주고 싶어할 것이다. 그것이 바로 '나선형 성공'에 이르는 길이다.

만약 그 반대의 행동을 한다면 어떨까? 예를 들어 부

서 내의 자잘한 궂은일은 본체만체하고 회의에서 튈 기회만 찾는다거나 이미 다 알고 있으니 매뉴얼 같은 건 필요 없다는 식의 태도를 보인다면? 사람들은 이렇게 수군거릴 것이다.

"풋내기 대졸자가 또 하나 들어왔군."

"그 여사원은 좀더 눈치가 있어야 해."

"이번 채용, 완전히 실패 같은데?"

이런 말을 하면서 그들은 당신에 대한 인상을 만들어 간다. 그들은 당신을 피할 테고 당신의 경력은 예상치 못한 지난한 우회도로로 빠질 것이다.

세 번째 도전은 더 경험 있는 사람이 하는 것은 용인되어도 당신이 하는 것은 용인되지 않을 수 있다는 것을 기억하는 것이다. 사람들에게 당신이 학생이라는 점을 상기시키는 모든 행동을 피하라. 간단한 사례 세 가지를 소개한다.

첫째 사례다. 어느 조직에 열두 명의 인턴이 있었는데

그들은 매일 함께 점심을 먹으러 가곤 했다. 그들은 왁자지껄하게 웃으면서 즐겁게 홀을 걸어 내려갔다. 하지만 그러한 행동이 다른 사람들에게는 학생 사교클럽의 파티 행렬처럼 보인다는 것을 깨닫고 즉시 그만두었다.

둘째 사례는 이것이다. 한 신입사원은 첫 출근 후 얼마 안 돼서부터 어떤 일을 하는 방법에 대해 수시로 불평을 늘어놓았다. 그녀의 의견은 한편으론 타당했다. 하지만 사람들에게는 그녀가 학생 때처럼 불평만 하는 사람으로 비쳤다.

셋째 사례로 한 신입사원은 넥타이 매는 것을 광적으로 좋아했다. 그리고 다른 사람들 중에서 자신과 비슷한 성향을 가진 이를 만나면 즐거워했다. 그런데 얼마 지나지 않아 그는 사람들이 자신을 아이디어 때문이 아니라 넥타이 때문에 기억한다는 것을 깨달았다.

직장에서 당신의 동료는 당신에 대해 아무것도 모르지

만 당신에 대한 의견을 갖는 사람들이다. 그러므로 그들에게 어떻게 보일 것인지를 생각하고 자신의 모든 행동을 평가해야 한다. 첫해에는 아주 보수적이어야 한다. 좋은 기회를 남보다 일찍 얻으려면 사람들이 보고 싶어하는 행동을 해서 좋은 인상을 남기라. 오해를 살 수 있는 행동은 피하라.

특히 명심할 것은 올바른 선택보다 틀린 선택을 해서 눈에 띄기가 훨씬 쉽다는 것이다. 수용되고 존중받으며 신뢰를 얻은 후에야 당신은 한숨 돌릴 수 있게 된다. 그러고 나면 자신의 개인적인 업무 스타일을 마음껏 계발할 수 있다. 그때까지 조금만 참고 힘을 내자.

7장

: 5단계 :

효율적인
대인관계를
구축하라

전형적인 신입사원들, 대학을 갓 졸업하고 원하던 회사에 채용되어 꿈에 부푼 직장생활을 시작하고 있는 이들의 모습을 생각해보자. 그들의 하루하루는 어떻게 흐르고 있을까.

프로젝트 마감일에 맞추기 위해 사무실에 혼자 남아 늦게까지 일한다. 더 많이 배우려고 퇴근 때는 매뉴얼과 책을 집에 가져가며, 일을 확실하게 처리하려고 점심도 건너뛴다.

아마도 의욕적인 신입사원들에게서 흔히 볼 수 있는 모습일 것이다. 그런데 이것이 영리한 행동일까? 아니, 질문이 잘못된 것 같다. 그렇게 물어서는 '예', '아니오'라는 답을 요구하는 것이 되니까 말이다. 그러면 질문을 이렇게 바꿔보자. 영리한 대졸 신입사원의 모습은 어떠해야 할까?

밤낮없이 일에 골몰하고 어떻게든 성과를 내겠다고 의욕에 넘쳐 하루를 보내는 것은 분명 나쁜 모습은 아니다. 하지만 그건 부분적으로만 옳을 뿐이다. 조직은 일이나 임무만을 위한 기계적인 집단이 아니라 공동의 목표를 위해 함께 움직이는 사람들이 모인 곳이다. 목표를 위해 조직의 형태를 만들고 업무가 어떻게 이루어져야 하는지 결정하는 것은 사람이 하는 일이다. 조직의 성공, 나아가 당신의 미래에까지 영향을 미치는 모든 일이 사람에 의해 일어나고 수행된다.

따라서 아무리 기술적인 일이어도 모든 일은 당신이 사람들과 함께, 사람들을 통해, 사람들 주위에서 일하며 성과를 거둬야 한다. 자기 업무에만 지나치게 집중하면 대인관계를 구축하는 일이 어려워지기 십상이다. 조직생활에서 대인관계는 업무 성적과 똑같이 중요하다.

더욱이 조직에서 어떻게 성공할 수 있는지도 사람들과의 상호관계 속에서 배울 수 있다. 그리고 어쩌면 그것이 조직에서 성공하는 유일한 방법일 수도 있다. 당신이 알아야 하는 사무실의 이러저러한 절차, 기업 문화, 자신의 아이디어를 파는 방법 등은 대개 문서화되어 있지 않다. 따라서 조직의 다른 사람에게서 배워야 한다.

이는 곧 좋은 대인관계를 쌓는 것이 직장생활에서 성공할 수 있는 유일한 방법이라는 것을 말해준다. 사람들이 당신을 좋아하고 가르치고 싶어하며 도와주고 싶어하게끔 탄탄한 대인관계를 쌓지 않으면, 어떤 경우에도 당신은 뛰어난 실력가가 될 수 없다.

다음은 직장에서 효율적인 대인관계를 쌓는 방법에 대한 조언이다.

좋은 업무관계를 구축하는 것을 우선으로 하라

되도록 많은 사람과 관계를 계발하는 시간을 가져야 한다. 이것을 당신의 '해야 할 일 목록' 맨 앞쪽에 두라. 의자에서 엉덩이를 떼고 일어나 사람들과 함께할 틈을 찾으라. 사무실을 나가 사람을 만나고 점심을 같이 먹고 커피를 마시면서 그들이 하는 얘기에 열심히 귀 기울이라! 듣는 것이 말하는 것보다 대인관계 구축에 훨씬 더 강력한 효과를 발휘한다.

임시직이나 보조 직원들이 있다면 이들도 포함하라. 그들은 일을 성취하는 데 중요한 역할을 할 뿐 아니라 평판을 형성하는 데도 큰 몫을 차지한다. 특히 당신이 내성적이라면 이 항목은 무척 중요하다. 억지로라도 동료들과 알고 지내려고 노력하라.

업무관계의 범위를 정하라

좋은 동료가 되어야 한다고 해서 개인적인 친구가 될 필요까진 없다. 업무관계는 사교적인 관계와 다르다. 사람마다 성향이 있는데, 혹시 당신은 좋아하는 사람들하고만 친하게 지내는 편일 수 있다. 그렇다면 개인적인 성향까지 억누르고 사적인 모든 것을 공유하는 사이가 되어야 한다면 당신은 직장에서의 인간관계에 엄청난 부담감을 갖고 지레 겁을 먹게 될 것이다. 개인적인 관계와 업무상 관계에 대해 당신 나름의 범위를 정하는 것이 도움이 될 것이다.

솔직한 심정으로 사무실 밖에서까지 얼굴을 보고 싶지는 않은 사람, 같은 자리에 앉아 점심을 먹고 싶지 않은 사람도 있을 것이다. 하지만 업무적으로 볼 때는 이런 이들과도 좋은 관계를 쌓아야 한다. 또는 자신보다 나이가 훨씬 많고 공통점이 거의 없는 사람과 같이 일해야 하는 때도 있다. 이 역시 개인적으로 친하지 않아도 일은 같이 잘할 수 있다. 나름대로 업무관계의 범위를 정할 때는 가능한 한 제한사항보다 허용사항을 많이 두도록 하라.

소통 기술을 계발하라

모든 부류의 사람들과 소통하는 방법을 배우라. 차이점을 부각시키기보다 타협하려고 노력하라. 다른 사람의 관점에서 문제를 보면 직장에서 일어나는 대부분 갈등을 피할 수 있다.

그 갈등은 종종 소통하는 방법의 차이에서 발생하곤 한다. 따라서 자신의 소통 스타일과 다른 스타일을 사용하는 사람들과 교류하는 방법을 이해하기 위해 대인관계 소통 기술에 관한 강의를 받는 것도 좋다. 모든 부류의 사람들을 존중하고 그들과 함께 일하는 것을 배우라.

사회에 첫발을 내딛는 청춘들에게

팀에서 일하는 방법을 배우라

혼자서는 성공할 수 없다. 대학에서는 많은 일을 혼자 판단하고 결정하고 진행했겠지만, 이제 당신이 하는 거의 모든 일은 다른 사람들과 팀을 이루어야 할 것이다. 해당 분야에서 필요한 모든 전문 지식과 정보, 경험을 가지고 있는 사람은 세상에 단 한 명도 없다.

그렇다면 팀원이 된다는 것은 무엇일까? 자신의 아이디어에 대해 덜 경쟁적이고 소유적이며 다른 사람의 아이디어에 마음을 여는 것, 그리하여 성공을 거뒀을 때 모두 함께 나눈다는 것을 의미한다. 물론 성공뿐만 아니라 실패도 함께 나누어야 한다. 각자가 팀원이라는 자각이 충만하다면 성공보다 실패에서 소속감을 더 강하게 경험하게 될 것이며, 그로써 더 큰 성공으로 향할 수 있다.

그물을 넓게 치라

인간관계에 관하여 이야기할 때 흔히 '누구를 아는지가 무엇을 아는지만큼 중요하다'고 이야기한다. 그야말로 핵심을 정확히 짚은 촌철살인의 경구라 할 만하다.

연줄, 재원, 조언자, 정보원의 네트워크를 구축하라. 동료를 만날 수 있는 모임, 회의 또는 세미나에 참석하는 기회를 이용하라. 현재 소속된 조직으로만 제한하지 말고 여러 기회를 만들라. 즉 그물을 최대한 넓게 치라는 얘기다. 강연회나 업종 워크샵도 좋고 전문가 단체에 가입하는 것도 좋다. 요즘엔 특정 이슈별로 인터넷 카페가 영향력을 가지고 많은 활동을 하는데 그곳에 회원이 되는 것도 방법이다.

일단 네트워크가 확장되면 그만큼 정보, 관점, 자원에서 도움을 얻을 확률이 높아진다. '어느 구름에 비 들었는지 모른다'는 속담도 있지 않은가. 어떤 문제에 부닥치거나 어떤 계획을 실행하고자 할 때 혼자서 막막하게 고민하는 것보다 함께 고민하고 조언을 얻을 수 있는 인력 풀이 있다면 든든하지 않겠는가.

또한 네트워크는 한곳에서 형성되면 가지치기를 하기도 훨씬 쉽다. 기술은 물론이고 사회, 문화적인 측면에서도 주제의 생명력이 급격히 짧아졌다. 모든 분야에서 유행이 회오리처럼 밀려왔다 금세 사라지곤 한다. 그것들을 모두 따라잡을 수는 없고 대개는 그럴 필요도 없지만, 어느 날 필요가 생길 때 네트워크가 강력한 지원군이 될 것이다.

조직 안에서 멘토를 찾으라

모든 신입사원에게는 더 직책이 높은 동료의 지도가 필요하다. 당신의 회사에 구조화된 멘토링 프로그램이 있는지를 조사하여, 있다면 그것을 적극 이용하라. 아마 프로그램은 존재하지만 거의 유명무실한 상황일 수도 있다. 하지만 이용자가 없어서 그렇지 그 프로그램 자체는 강력한 근거를 기반으로 마련되었을 것이다. 이용할 방법을 찾으라.

그렇지 않으면, 당신을 기꺼이 도와주고자 하는 나이가 있고 경험이 많은 직원을 찾으라. 수시로 찾아가 그들의 충고에 신중하게 귀를 기울이라. 귀찮아할 거라고 생각하겠지만 아마 대부분은 내심 반길 것이다. 그만큼 자기를 인정해주는 까마득한 후배가 있다는 사실은 기분 좋은 일 아니겠는가. 또 열심히 하겠다는 후배를 보면서 신입 시절의 자기 모습을 떠올리며 분발의 계기로 삼을 수도 있고 말이다. 그리고 혹시 귀찮아한다 해도 찾아가야 한다.

또한 조직에서 존중받는 사람을 선택하라. 그가 당신이 사다리를 올라가는 것을 도와줄 거라고 기대하지 말고(그건 당신 몫이다) 단지 당신에게 직장생활을 잘하는 법에 대해 가르쳐달라고 요청하라. 그런 요청을 거절할

수 있는 조직 내 선배는 별로 없을 것이고, 혹시 거절당
한다면 그 사람은 조직에서 존중받는 사람이 아닐 확률
이 높다. 한 사람으로 충분하지 못하다면 여러 명의 멘토
를 찾으라.

8장

: 6단계 :

상사의
훌륭한 추종자가
되라

당신의 상사는 첫 직장에서 가장 중요한 사람이다. 당신이 재능을 발휘할 기회를 주고, 필요한 트레이닝을 받을 수 있게 하며, 첫해의 분위기를 조성하고, 당신에 대한 조직의 의견과 평가에 지대한 영향을 미친다. 또 당신이 말단 직위를 벗어나도록 해줄 승진을 판가름하고, 조직의 문화에 당신을 익숙하게 만드는 책임도 그가 주되게 지고 있다. 그러므로 당신은 상사와 긍정적이고 생산적인 관계를 쌓는 것이 최우선이라고 생각해야 한다.

상사를 위해 일하는 것은 당신이 지금까지 가졌던 다른 어떤 관계와도 다르다. 그런데 당신은 아직 효율적인 추종자/고용인이 되는 방법을 배우지 않았기에 어려움을 겪을 것이다. 관리자가 되는 명확한 기술 세트가 있는 것처럼 훌륭한 추종자가 되는 명확한 기술 세트도 있다.

상사와의 관계에서 반은 내 책임

대학은 보통 미래의 리더십을 계발하는 데 집중하지만 훌륭한 추종자가 되는 법을 가르쳐주진 않는다. 하지만 훌륭한 추종자 단계를 거치지 않고서는 훌륭한 리더가 될 수 없다. 고용주가 처음부터 당신의 리더십 기술을 보고 싶어하는 건 아니다. 추종자로서 얼마나 충실한지를 보고 싶어한다.

상사와의 성공적인 관계는 상사의 책임일 뿐 아니라 당신의 책임이기도 하다. '의무가 있다'는 덫에 빠지지 말라. 예를 들어 상사가 자신과 더 많은 시간을 '보내야 할 의무가 있다'고 생각하는 대졸 신입사원이 많지만, 상사는 업무량 때문에 그럴 수 없다. 또 상사가 많은 일을 다르게 또는 더 낮게 '해야 할 의무가 있다'고 당신은 생각할지도 모른다. 하지만 일을 잘하지 못한다고 해서 반드시 나쁜 상사라고는 할 수 없다. 나쁜 상사와 나쁜 실적은 동일시할 수 없다. 상사가 이러저러해야 한다며 그의 의무에 집착할 게 아니라 자신이 할 일을 찾아야 한다.

분명한 한 가지는 이 관계에서 성공하지 못하면 승진할 수 없다는 사실이고, 궁극적으로 당신과 당신의 경력이 피해를 보게 될 뿐이다. 그러니 상사와 일할 때 당신이 먼저 생산적이고 효율적인 훌륭한 추종자의 기술을 배워두어야 한다.

지금부터 훌륭한 추종자가 되는 두 가지 기술을 익혀보자.

훌륭한 추종자의 첫 번째 기술

첫 번째 기술은 상사에게 필요한 것이 무엇인지를 알아 현명하게 대처하는 것이다.

당신의 상사 또는 동료들에게서 다음과 같은 핵심 질문에 답을 찾으라.

- 상사는 당신으로부터 얼마나 많은 정보를 얻기를 원하는가?

- 상사는 당신으로부터 정보를 정기적으로 보고받길 원하는가, 문제가 되는 것만 보고받기를 원하는가?

- 상사는 문제에 대한 해결책을 원하는가, 당신이 문제 해결 과정의 일원이 되기를 원하는가?

- 업무의 질에 대한 상사의 기준은 무엇인가?

- 상사의 의제, 즉 원하는 것, 필요로 하는 것, 기대는 무엇인가?

- 상사를 돋보이게 하려면 당신이 무엇을 해야 하는가?

- 어떻게 하면 상사를 제일 잘 보조할 수 있는가?

- 상사는 당신이 얼마나 열심히 일하길 기대하는가?

- 상사의 시간을 가장 많이 빼앗는 것은 무엇인가?

- 상사가 얻을 수 있도록 당신이 지원할 만한 중요한 자원은 무엇인가?

사회에 첫발을 내딛는 청춘들에게

- 상사가 더 효율적이고 생산적이 되도록 어떻게 도울 수 있는가?

- 당신은 언제 가장 시간을 내야 하는가?

- 상사에게 당신을 없어서는 안 되는 사람으로 만드는 것은 무엇인가?

훌륭한 추종자의 두 번째 기술

두 번째 기술은 자신을 관리하기 쉬운 직원으로 만드는 것이다. 이런 기술을 갖추고 있으면 상사는 당신을 부하로 키우기 위해 필요한 것을 더 쉽게, 더 자주 제공할 수 있다.

다음 사항들에 집중하라.

- 상사는 어떤 결정을 내리길 좋아하고 어떤 것들을 위임하는가?

- 상사는 어떤 방법으로 당신에게 피드백을 주는 것을 가장 편하게 여기는가?

- 당신의 융통성이 필요한 특별한 영역이 있는가? 그곳은 어디인가?

- 당신의 업무에 대하여 상사는 얼마만큼 참여하고 싶어하는가?

- 상사는 당신이 얼마나 독립적이길 원하는가?

- 상사가 특히 직접적이고 정직한 답을 원할 때는 어떤 상황에서인가?

- 상사와 의견이 맞지 않으면 당신은 어떻게 행동해야 하는가?

- 도움이 필요할 때 상사로부터 도움을 얻을 수 있는 최선의 방법은 무엇인가?

- 상사가 요구하거나 지시할 때 상사의 기대를 넘어서기 위해 무엇을 해야 하는가?

- 임무가 주어졌을 때 어떻게 반응해야 하는가?

한 관리자는 이렇게 조언한다.

"일단 안정이 되고 자신의 임무가 무엇인지를 알고 나면 당신은 창조적이 되어야 한다. 내게 주어지지 않은 일에서 무엇을 할 수 있을까를 생각해야 한다. 즉, 아무도 하지 않으려고 하는 어떤 책임도 기꺼이 맡아야 한다. 그런 능동적인 행동은 분명히 상사를 기쁘게 한다."

상사와 당신의 관계에서 가장 중요한 한 가지는 이것이다. 상사는 당신이 성공하기를 원한다는 것! 이것은 세상의 모든 상사가 인간애 투철한 사람들이어서가 아니다. 결국, 당신 업무의 질과 결과가 상사의 업적에 반영되기 때문이다.

9장

: 7단계 :

조직의
문화를
이해하라

모든 회사에는 유일한 개성 또는 당신이 매일 듣게 될 "여기에서는 말이야   "라고 알려진 문화가 있다.

　"여기에서는 말이야, 그런 식으로 일하지 않아."

　"여기서는 말이지, 사람들이 열심히 일하는 것을 보고 싶어해."

　"여기서는 상사가 사람들이 아침에 일찍 출근하는 것을 좋아해."

　이처럼 어디에도 문서화되어 있지 않은 비공식적인 규칙과 규범은 조직에서 사람들과 어떻게 일해야 하는지를 시작으로 회사 내 모든 일에 영향을 줄 것이다.

　이 자잘한 규칙과 규범들은 조직 안에 자연스럽게 녹아 있으면서 하나의 문화로 기능한다. 이러한 조직 문화는 당신이 주어진 업무를 어떻게 해야 하는지는 물론이고 사무실에 무엇을 입고 출근해야 하는지까지 규정한다. 그러므로 당신이 조직 문화를 얼마나 잘 이해하는지가 직장생활 첫해의 성공에 큰 영향을 준다.

규범에서 너무 많이 벗어나지 말라

고용주는 조직 문화에 '적응'하고 그것을 열성적으로 받아들이는 직원을 원한다. 모두가 복제라도 된 것처럼 획일적이어야 한다는 의미는 아니지만 모든 조직에는 개성을 허용하는 데 제한이 있다는 것이다. 일반적으로, 팀원으로 받아들여지고 능력을 입증하는 실적이 있을 때까지 규범에서 너무 많이 벗어나서는 안 된다.

그렇다고 너무 억울해하진 말길. 이것은 신입뿐 아니라 최고경영자라 할지라도 마찬가지니까 말이다. 아무리 세간의 이목을 집중시킨 쟁쟁한 인물이었다 해도 다른 회사로 옮긴 후 그 조직의 문화가 가진 힘을 이해하지 못해 실패할 수 있다. 문화를 이해하는 데 시간을 들이지 않으면 경력에 피해를 입을 수 있고 바보 같고 당혹스러운 실수를 저지르기 십상이라는 건 상식적으로도 당연한 일이다.

다음은 당신이 주의를 기울여야 하는 조직 문화의 중요한 요소들이다.

- 조직의 목표

- 핵심 가치

- 기본 가치와 규범

- 기대되는 행동

- 직업의식

- 보상 제도

- 사회적 규범

- 경영 철학

- 윤리 기준

- 신성시되는 신념과 행사

- 직원의 태도

- 소통 규범

- 업무 규범

- 사무실 분위기

흔히 저지르는 실수들

다음은 조직 문화를 이해하지 못해서 당신이 피해를 볼 수 있는 사례들을 간략하게 나열한 것이다.

- 신입사원인 파울라는 자기 회사의 한 고위 간부가 제안한 프로젝트를 자신이 비판했다는 사실을 알게 되었다. 이 조직에서는 '누가 제안했는가'가 무척 중요시된다는 사실을 그녀는 알지 못했다.

- 앞에서 예로 들었던 존은 팀원이 되는 것이 얼마나 중요한지를 이해하지 못해서 실패했다.

- 마케팅 부서 신입 대리인 마이크는 자신의 직속상사에게 먼저 알리지 않고 상사의 상사에게 문제를 논해서는 안 된다는 사무실 관행을 이해하지 못했다. '상사를 건너뛰었다'는 이유로 질책받았을 때 그는 깜짝 놀랐다.

- 경영 교육을 받고 있는 줄리는 개인적인 용무가 있어서 금요일 저녁 모임에 참석하지 않았다. 그런데 그것이 회사 경영진에 대한 모독으로 여겨진다는 것을 깨닫지 못했다. 크게 중요한 용무는 아니었기에 만약 그 사실을 사전에 알았더라면 참석했을 것이다.

사람들은 회사의 문화를 어떻게 알게 될까? 문서화된 것이 거의 없는데다 동료들이 이건 이렇고 저건 저렇다고 말로 설명해줄 수 있는 부분이 아니기 때문에 하루 아침에 파악하기는 어렵다. 그럼에도 분명히 모든 조직원이 그 문화 안에서 생활하고 있다. 따라서 당신은 그들을 관찰하고 작은 행동을 모방함으로써 몸으로 익히는 수밖에 없다.

'여기서 일하는 방식'에 주의를 기울이라. 동료들을 주시하라. 그들은 어디에 관심을 기울이고 어떤 일로 시간을 보내는가? 조직의 규범과 가치가 무엇인지, 다른 사람이 어떻게 행동하는지를 주시함으로써 배우라. 조직의 기본 목표와 철학이 무엇인지를 물어서 알아내라. 다른 사람들이 당신에게서 무엇을 기대하는지, 특히 어떤 것이 용인되고 어떤 것이 제한을 받는지 직업의식과 사회 규범에 관한 것들을 이해하라. 직장 내 정치적 분위기와 사람들이 어떻게 소통하고 함께 일하는지에 주의를 기울이라.

이 모든 것과 더 많은 것들이 조직 문화의 일부다. 성공하려면 당신은 모험에 착수하기 전에 조직 문화를 배우는 데 시간을 보내야 한다. 여기에 대해서는 16장에서 다시 논하도록 하자.

10장

: 8단계 :

조직의
체제에
적응하라

조직의 체제에 적응하는 것은 조직이 실제로 어떻게 운영되는지를 배우는 것을 의미한다. 거기에서 중요한 측면은 조직 내 정치, 현실, 비공식적 절차라 할 수 있다. 각각을 좀더 살펴보자.

조직의 정치: '정치적'은 나쁜 말이 아니다

　조직에서 일어나는 모든 일에는 정치가 개입된다. 정치는 사람들이 일을 같이할 때 사업을 성사시키는 하나의 방법일 뿐이다. 사회에서 받은 인상 탓에 끔찍하고 잔인하다고 생각할 수 있겠지만 보통은 그렇지 않다. 조직에서 정치란 자원과 힘을 효과적으로 공유하며 서로에게 영향을 미치는 과정이라 할 수 있다.

신입사원이 지켜야 할 첫 번째 규칙은 정치적인 '행동'에 개입하지 않는 것이다. 신입사원에게는 정치적 행동을 잘하기 위한 직장 내 경험, 영향력, 기술이 부족하다.

두 번째 규칙은, 그럼에도 정치적 순진함으로 무장할게 아니라 모든 업무에서 정치적 측면을 고려하는 것이다. 여기에 대해서는 우선 다음의 네 가지 질문을 참고하라.

- 당신이 하고 있는 일이 다른 사람들에게 어떻게 영향을 주는가?
- 당신이 하고 있는 일에 관심을 가지고 있는 사람은 누구인가?
- 필요한 결과를 만들어내기 위해 당신의 편으로 만들어야 하는 사람은 누구인가?
- 당신이 하고 있는 일에 반대하는 사람은 누구인가?

세 번째 규칙은 조직의 좋은 정치 기술을 배우는 데 첫해를 이용하는 것이다. 여기에는 다음 사항이 포함된다.

- 다른 사람들과 타협하기
- 결정을 내릴 때(정확히는 결정을 내리기 전에) 다른 사람을 포함시키기
- 모든 활동의 '주요 인물'을 이해하기
- 효율적으로 타협하기
- 어떤 전쟁이 싸울 가치가 있고 어떤 것이 헛된지를 이해하기
- 한 문제에 대해 자신에게 동의하는 사람의 연합체를 구축하기
- 혼자서 '위험을 무릅쓰지' 않기
- 논란이 많은 정치적 문제를 식별하기
- 누가 세력이 있고 누가 세력을 원하는지를 이해하기

조직 안에서의 정치를 포커칩을 다룬다고 생각하라. 얻을 때도 있고 잃을 때도 있다. 그렇지만 조직 안의 정

치가 포커와 분명히 다른 점은 자신이 노력하기에 따라 눈에 띄게 실력을 쌓아갈 수 있다는 것이다.

좋은 실적을 쌓고, 다른 사람을 도우며, 논란이 많은 정치적 상황에서 빠지지 않음으로써 자신의 칩을 구축하는 데 첫해를 이용하라. 그리고 그 칩을 현명하게 사용하는 방법을 배우고, 그 위치에 이르렀을 때 그것을 아낌없이 사용하라.

조직의 현실

조직은 정치적일 뿐 아니라 흔히 비논리적이고 정당하지 못하기도 하다. 또한 틀린 결정을 내리기도 하고, 일하는 속도가 느리며, 변화하는 것을 언제나 좋아하지도 않고, 항상 재미있지도 않고, 때로는 신참에게 호의적이지도 않다. 조직의 모든 사람이 친절하거나 도움이 되거나 의욕적이지도 않다. 간단히 말해, 그들은 완벽하지 않다.

예외 없이 모든 조직이 그렇다. 따라서 당신은 여기가 아니고 다른 곳이었다면 하는 바람을 가질 것이 아니라 당신이 있는 자리에서 현실을 받아들이고 적응해야 한다. 분별력 있는 전문가는 현실에 단단히 발을 딛고 서기 때문에 그런 결함을 모두 인정한다. 당신도 그렇게 함으로써 남보다 나은 출발을 할 수 있다.

비공식적 절차

조직은 항상 공식적으로 구조, 체제, 절차를 정교하게 수립한다. 그렇지만 그 안에서 일하는 사람들은 흔히 업무가 실제로 이루어지는 방법인 비공식적인 구조와 방법을 계발한다. 예컨대 번거로운 회계시스템 같은 것과 마주치지 않고 돌아갈 수 있는 지름길로, 업무 진행이 더 빨리 되도록 부서 간에 비공식적인 합의를 찾는 방법이다. 이른바 '뒷문' 통과 방식이다.

이처럼 문서화되지 않은 수천 가지 절차와 방법으로 업무는 복잡한 과정을 생략하고 단순하게 진전된다. 이런 비공식·비문서적 업무처리 방법은 조직을 더 생산적으로 만든다. 당신이 일에서 성과를 얻으려면 그 방법들을 통달해야 한다.

'공식적' 절차에 빠지지 말라. 업무가 여기서 '실제로 어떻게' 이루어지는지를 배우라. 그것을 배우는 유일한 방법은 사람들을 주시하고 질문하는 것이다.

11장

: 9단계 :

신입사원으로서의
역할을
이해하라

직장뿐 아니라 어떤 조직에서도 자신이 신참인 상황을 좋아하는 사람은 거의 없다. 모든 것이 낯설어 불안함과 불편함을 느끼기 때문이다. 하지만 모든 조직에서 신참의 과정을 거치지 않고 구성원으로 합류할 수 없다는 것은 분명한 사실이다. 현재의 기존 구성원 모두가 신참 시절을 겪었고 그 시절의 역할에 적응했기에 신참인 당신역시 그러할 것으로 기대한다.

　이 책에서 우리가 새로운 사고방식으로 제의하는 것은 신참으로 지내는 비결이다. 우리는 수많은 사례 연구를 통해 경험자가 되는 것만큼 신참이 되는 방법을 배우는 것도 중요함을 알게 되었다. 당신이 신참인 것을 받아들이고 그 역할을 제대로 이해할수록 당신은 신입사원으로서의 행동을 더 잘할 수 있다. 그리고 그렇게 함으로써 그 단계를 더 빨리 벗어날 수 있다.

현명한 신입사원은 과도기의 중요성을 이해한다. 그들은 신입의 역할을 인정하고 신입에 대한 특정 '규칙'을 이해하며, 그 규칙을 피하기보다는 조직을 배우고 조직에 수용되고자 열심히 노력한다.

지금부터 신참으로서 따라야 할 몇 가지 지침을 짚어보자.

신입사원이 '마땅히 해야 할 일'에 저항하지 말라

어느 조직이든 신입사원이 좋아하지 않는 일들이 있다. 이것을 보통 '통과 의례'라고 하고 어떤 사람들은 우스갯소리로 '형기를 복역한다'라고 표현한다.

예컨대 신입사원은 복사나 서류 정리, 잔심부름을 해

사회에 첫발을 내딛는 청춘들에게

야 한다. 때로는 부서 내 프로젝트를 진행하는 동안 모든 잡무를 떠맡을 것으로 기대된다. 흔히 제일 허름한 책상이 신입사원 차지이며 그 책상은 종종 불편한 위치에 놓인다. 어떤 회사는 첫 출근을 한 후 어느 정도 될 때까지는 제안을 정식으로 받아들이지 않고 프레젠테이션을 주도하지 못하게 하기도 한다.

이러한 모든 일을 사적인 감정으로 받아들이지 말라. 그것은 일종의 신고식인 셈이기도 하고 때로는 단지 누군가는 그 역할을 맡아야 하기 때문이기도 하다. 이는 모두가 당연스레 받아들이는 조직생활의 현실이다. 그러므로 불합리하다거나 불공평하다고 저항하거나 불평하면 당신은 스스로 분별력이 없다는 것을 보여주는 셈이 된다. 당신이 이해하지 못하는 바로 그 점을 사람들은 이해하지 못할 것이다.

부서 내에서, 때로는 옆의 부서에서까지 당신이 온갖 잡무를 도맡아하는 사람으로 당연시된다 해도, 일단은

느긋하라. 그런 날은 언제까지고 계속되지 않으며 당신에게도 반드시 기회가 온다. 이 기간은 과도기이고 전체 직장생활은 훨씬 더 길다는 것을 명심하라.

그것이 무엇이든 또는 얼마나 사소하게 여겨지든, 자신의 역할에 적응하고 가능한 한 유쾌한 기분으로 능력껏 최선을 다하면 그 시기를 보다 일찍 벗어날 수 있다는 것을 보증한다.

더 큰 그림을 이해하라

많은 대졸 신입사원은 자기 조직의 큰 그림이 무엇인지 알지 못한다. 이들에게는 자신의 필요, 자신의 흥미, 자신의 일에만 집중하는 '좁은 시야'가 습관화되어 있다.

예를 들어 다음 주에 예정된 대규모 프로젝트 건과 관련하여 자료를 복사하라는 지시를 받았을 때 대부분의 신입사원은 어떤 생각을 할까? 십중팔구는 부서의 중요한 프로젝트에 대해 생각하기 전에 겨우 복사나 하라고 한다며 그 지시를 모독으로 받아들인다.

또 다른 예로 상사가 자기와 몇 주 동안이나 이야기할 시간을 내지 못할 때 어떻게 반응할까? 상사가 다른 더 중요한 일들을 처리해야 한다는 사실을 이해하는 대신 자신이 있으나 마나 한 존재는 아닐까 생각하거나 무시 당한다고 생각한다.

또, 트레이닝 프로그램이 연기되거나 근무 중에 트레이 닝을 하기로 방침이 바뀌었을 때는 어떻게 받아들일까? 회사의 수익성이 저하되어 부사장이 예산을 줄이라고 지 침을 내렸다는 사실은 고려하지 못하고 회사가 약속한 일을 손바닥 뒤집듯 한다고 생각하며 불만을 품는다.

그리고 동료가 시간을 내서 자신을 도와주지 않으면 괄시받았다고 생각한다. 어쩌면 그에게는 더 중요하고 더 급한 일이 있었을지도 모르고, 오히려 도움이 더 절실 한 사람은 그일지도 모른다는 생각은 하지 못한다.

첫 직장은 당신에게 매우 중요하다. 직장이라는 세계에 처음 발을 들여놓았기에 당신의 에너지와 시간 대부분이 이곳에서 소모된다. 하지만 조직에는 당신이 일을 잘하도록 도와주는 것만큼 중요한, 또는 그보다 더 중요한 다른 우선사항들이 많다.

큰 그림을 보라. 당신에게 중요하게 여겨지는 것들이 다른 사람에게는 그리 중요하지 않을 수 있다. 그 점을 인식하고 자신에 대한 책임을 질 수 있을 만큼 전문가다운 분별력을 갖추라.

자신에게 꼭 맞는 역할을 찾으라

신참이고 명확한 역할이 없을 때는 누구라도 불만에 빠지기 쉽다. 사람은 누구나 자신에게 역할이 있고 기여할 수 있다는 기분을 느끼고 싶어한다. 조직에서 사람들이 당신이 어떤 역할을 하기를 원하는지 조심스럽게 살펴보라.

그들은 당신이 중요한 책임 없이 충실한 보조원으로 지내는 시기가 얼마 동안이기를 바라는가? 예컨대 당신 자신은 아직 준비가 되지 않았다고 생각하는데 큰 수술 때문에 출근하지 못하는 직원을 대신해서 당신이 그 임무를 해주기를 원하지는 않는가? 아니면 당신이 반년 정도는 매뉴얼만 숙지하기를 원하는가?

어떤 포부를 품고 직장생활을 시작했건, 신입사원으로서 당신의 임무는 자신의 일정과 계획을 따르는 것이 아니라 그들의 일정과 계획에 맞추는 것이다. 많은 대졸 신입사원은 조직이 자신의 계획에 맞추길 기대함으로써 자신과 다른 사람들에게 문제를 일으킨다.

'그렇다면 언제까지 그런 처지에서 생활해야 한다는 걸까?' 하고 당신은 잔뜩 풀이 죽어 생각할지도 모르겠다. 하지만 너무 의기소침할 필요는 없다. 당신이 체제를 시험할 수 있는 시기는 반드시 오게 되어 있으니까.

다만, 그 시기가 오기는 할 테지만(아마 첫해가 반쯤은 지난 후에) 그건 오로지 당신이 구성원으로서 받아들여지고 존중을 받게 되었다는 전제를 필요로 한다.

그때가 올 때까지는 당신의 역할이 무엇이어야 하는지를 생각하기보다 조직이 원하는 당신의 역할이 무엇인지를 생각하라. 그리고 그 역할을 위해 능력이 닿는 데까지 기꺼이 최선을 다하라. 사실상 신입사원이 이런 마음자세를 보이는 일은 매우 드물기 때문에 당신은 많은 격려와 칭찬을 받을 것이다. 그러면 방금 말한 그 '시기'를 앞당길 수 있고, 그러고 나면 당신은 비로소 자신의 의제를 추구할 수 있다.

12장

: 10단계 :

영리하게
일하는 방법을
계발하라

열두 단계 과정에서 이 지점까지 온 당신은 자신의 태도와 기대를 조절하여 조직에 길들고, 필요한 대인관계를 구축하며, 조직을 이해하는 방법을 배우고, 실적을 올리기 위해 조직에 적응하는 방법을 배우기 시작했을 것이다. 이제 당신은 뛰어난 실적을 올리는 직원이 될 준비가 되었다!

　지금부터 세 단계는 업무 이행에 더 집중할 수 있는 방법이다. 10단계는 하나의 일반적인 기술 세트인 '영리하게 일하는 방법'을 다룬다. 주되게는 자신이 갖고 있는 지식을 적용하는 것, 그리고 목표를 성취하는 데 필요한 전문 기술을 계발하는 것이다.

자신의 지식을 적용하기

직장에 들어서기 전까지 수많은 지식을 쌓았음에도 그것들을 직장 환경에 제대로 적용하지 못하는 대졸 신입사원이 많다. 이들이 고민해야 할 지점은 다음과 같은 것들이다.

- 책에서 얻은 지식이 훌륭하기는 하지만 그 지식으로 무엇을 할 수 있을까?
- 그 지식을 업무에 어떻게 적용할 수 있을까?
- 그 지식을 실적을 올리는 데 어떻게 사용할 수 있을까?
- 그 지식을 어떻게 현실적으로 적용할 수 있을까?

예를 들어 좋은 트레이닝 프로그램을 디자인하는 원칙을 아는 사람이 많을 것이다. 그런데 무더기로 쌓인 참고 자료 속에서 특정 집단, 즉 회사 동료들을 위한 효율적인 트레이닝 프로그램을 만드는 데 그 디자인 원칙을 적용하는 것은 별개의 문제다. 당신이 책에서 얻은 지식을 유용하게 사용할 방법을 동료들에게서 지도받으라.

전문적인 기술 계발하기

업무를 이행하기 위해서 여러 가지 전문 기술을 계발할 필요가 있다. 여기에는 다음 사항이 고려되어야 한다.

- 효율적인 시간관리

- 우선순위 정하기

- 여러 프로젝트를 동시에 관리하기

- 메모, 편지, 보고서 쓰기

- 프레젠테이션하기

- 작업 흐름 관리하기

- 회의를 관리하고 참여하기

- 자신의 아이디어 설득하기

- 임시직이나 사무 보조원들과 같이 일하기

- 업무와 사무실 정리하기

- 현실적인 마감일 잡기

- 마감일 맞추기

- 적합한 수준의 질로 일하기

- 자신에게 동기 부여하기

이와 같은 사항에 주안점을 두고 필수 전문 기술을 계발하는 데 집중하라. 도움이 필요하면 조직의 인사 부서와 상담하라.

13장

: 11단계 :

자신의
업무에
능숙해져라

이 책이 업무 이외의 요소에 역점을 두고 있기는 하지만 그렇다고 업무 성과가 중요하지 않다는 것은 아니다. 업무 성과는 우리가 굳이 강조하지 않더라도 직장생활에서 필수임을 누구나 인정한다.

　그 점을 강조하는 데 우리가 지면을 많이 할애하지 않는 이유는 두 가지다. 첫째, 대부분의 조직이 신입사원에게 그들의 기본 업무에 대해서는 아주 잘 가르치기 때문이다. 우리의 관점에서 더 중요하게 생각한 두 번째 이유는, 신입사원이 자신의 기본 업무에 숙달하지 못한다고 불평하는 관리자는 거의 없었기 때문이다.

트레이닝 기회를 최대한 활용하라

이전에 언급된 열 가지 단계를 완성했을 때 당신은 사실상 자신의 업무에 숙달되는 위치에 있게 된다. 그 업무가 조직에 얼마나 적합한지, 업무가 실제로 어떻게 이루어지는지, 조직의 목표를 성취하기 위해 누구와 일해야 하는지 등을 완전히 이해하게 된다.

이제 당신에게는 단순히 업무에 숙달되는 일만 남아 있는 셈이다. 그리고 당신의 고용인이 아마도 당신이 업무를 시작할 수 있도록 트레이닝 기회를 제공할 것이다.

이 트레이닝을 절대 가볍게 여기지 말라. 우리는, 자신이 무엇을 배워야 하는지도 모르면서 조직이 제공하는 '기초 트레이닝'의 내용에 대해 불평하는 신입사원을 많이 봐왔다. 그런데 그런 불평은 근거가 빈약할 뿐 아니라 자신에게 하등 도움이 되지 않는다. 트레이닝이 어떤 방식으로 진행되든 모두 이유가 있기 때문이라고 생각하고, 배울 수 있는 만큼 배우라.

사회에 첫발을 내딛는 청춘들에게

직장에서 '마음껏 배울 수 있는' 시기도 사실상 신입사원 시기, 입사 첫해가 거의 유일하다. 연차가 쌓이고 직급이 올라가면 누군가로부터 배울 수 있는 기회가 현저히 줄어든다. 그뿐 아니라 드러내놓고 배울 수 없는 입장이 되기도 한다. 왜냐하면 그것을 알지 못한다는 사실을 공개하는 셈이기 때문이다. 그러므로 마음껏 배울 수 있고, 배우는 것이 임무의 일부인 신입 시절에 그 권리를 실컷 누려야 한다.

14장

: 12단계 :

필요한
지식, 기술, 능력을
얻으라

당신이 다른 대부분의 대졸 신입사원과 비슷하다면 업무에 필요한 어떤 기술과 능력이 자신에게 부족하다는 사실을 알고 있을 것이다. 그리고 그 점은 고용주도 충분히 알고 있으며, 당신에게 계발 기회를 제공하고자 할 것이다. 주어진 기회를 충분히 이용하고, 혹시 더 필요하거든 주저 말고 요청하라.

자신을 계발하는 데 책임을 지라

직장인으로서 당신은 자신을 계발하는 데 책임을 지고 그 계발을 주도해야 한다. 그렇게 해야만 자신에게 어떤 종류의 계발이 필요한지에 대해 좋은 생각을 해낼 수 있다. 관리자나 다른 동료들에게 조언을 구하라.

특히 업무를 수행하는 데 반드시 필요한 기술이나 지식이 부족할 수도 있을 텐데, 여기에 대해서 그들에게 검토해달라고 요청하라. 그 결과를 가지고 스스로를 어떻게 계발할 것인지 계획을 세우라.

지속적으로 배우려는 사고방식을 가지라

여유 시간이 있으면(신입사원에게는 흔히 생긴다) 그 시간을 어떤 새로운 것을 배우는 데 사용하라. 대학에서는 교수가 당신에게 지시하고 때로는 강요함으로써 배움을 지속하게 했을 것이다. 하지만 직장에서는 스스로 나서지 않으면 아무도 당신에게 자신을 계발하라고 강요하지 않는다.

이제 당신 자신의 책임이다. 당신은 자신이 갖고 있는 기술과 조직에 대한 지식을 향상시킬 수 있는 기회, 새로

사회에 첫발을 내딛는 청춘들에게

운 것을 배울 수 있는 기회를 언제든지 찾을 수 있다. 요즘에는 이런 기회가 더욱 많아졌다. 직원이 스스로 주제를 정해서 자신의 속도로 배우거나 선택적인 트레이닝 프로그램에 접속할 수 있도록 교육 센터를 운영하는 조직이 많다. 당신의 조직이 이런 혜택을 제공한다면 그것을 적극 이용하라. 그리고 조직 밖에서도 기회를 찾으라. 새 기술을 얻기 위해 기술에 기반을 둔 교육(예를 들어 컴퓨터를 이용한 트레이닝, 인터넷 강의)을 이용하라.

첫해에는 정말 많은 것을 배워두어야 한다. 그런데 어려운 점은 그 일을 스스로 해야 한다는 것이다. 첫해를 쉽게 쉽게 보내는 사람과 열성적인 배움의 자세로 보낸 사람의 차이는 시간이 지나면 확연해진다. 그리고 그 책임은 오로지 당신 자신이 져야 한다.

15장

첫해에
해야 하는 일의
우선순위

대학에서 직장으로의 이행을 성공적으로 이끄는 것은 당신의 책임이지 고용주의 책임이 아니다. 좋은 고용주는 당신을 돕겠지만 그들이 그렇게 하지 않는다고 해서 당신이 승진하지 못하는 핑계로 삼을 수는 없음을 명심하라.

　대학에서는 학과장이나 교수에게 불평을 늘어놓을 수 있었을 것이고, 어느 정도는 받아들여졌을 수도 있다. 하지만 직장에서는 당신의 경력을 당신 자신만큼 중요하게 생각하는 사람은 없다. 모두에게 자신들 스스로의 경력만이 중요하다. 당신이 성공하지 못했을 때 다른 사람을 원망할 수는 있겠지만 그렇게 한다 해서 당신의 경력이 회복되지는 않는다. 그러니 첫 출발부터 당신이 모든 책임을 져야 한다!

이상의 열두 단계를 실행하는 데는 시간과 노력이 필요하다. 그렇지만 불행하게도 당신이 이 단계를 하나씩 차근차근 거칠 수 있도록 허용하는 직장은 거의 없다. 당신은 최소한 어느 정도씩은 모든 단계에 한꺼번에 관련될 것이다. 그러니 이 단계를 이용해서 배워야 하는 것들의 우선순위를 정하라.

1~3단계가 가장 우선순위여야 하고, 일을 시작하기 전이나 시작한 직후에 대부분은 곧 성취할 수 있다. 좋은 인상을 만드는 것 그리고 상사와 동료들과 관계를 구축하는 4~6단계가 그다음 순위다. 기업 문화를 배우고 조직의 체제에 적응하며 당신의 역할을 이해하는 7~9단계는 이전 대인관계 구축 단계에서 자연스럽게 이어진다. 마지막으로 다음 순위는 업무 성과와 관련한 10~12단계로, 사람들은 당신이 더 높은 성과를 얻으리라 기대하기 시작할 것이다.

사회에 첫발을 내딛는 청춘들에게

대부분의 조직은 당신이 처음에 최소한의 기본 업무를 수행하면서 천천히 직장생활을 시작할 수 있게 해준다. 그리고 이는 당신에게 다른 단계를 준비할 수 있도록 시간적 여유를 갖게 한다.

다만, 조직은 각기 조금씩 다르므로 단계의 우선순위가 달라질 수 있다. 예를 들어 조직이 중요한 마감일을 앞두고 있는 시기에 시작했다면, 당신은 다른 단계를 거치기 전에 업무에 집중하는 것부터 시작해야 할 수도 있다. 그런 경우에는 대인관계를 구축할 시간이 없을 수도 있다. 하지만 상황이 어떠하든 열두 단계는 모두 성공적으로 성취되어야 한다. 그 중요한 마감일이 지나거든 당신은 앞의 단계로 되돌아가야 한다. 어떤 단계도 소홀히 하거나 건너뛰지 말라.

문제와 도전

많은 대졸 신입사원은 직장생활로 이행하는 일에서 힘겨움을 토로한다. 다음에 열거한 것들이 공통적인 문제의 일부다.

- **같이 일하는 사람들은 신입사원의 입장이 어떤지 이해하지 못한다:**

  그건 아마도 사실일 것이다. 직장생활을 하면서 신입 시절을 잊어버리는 데는 1~2년밖에 걸리지 않는다. 신입사원이 어떻게 관여하도록 할지에 대해 트레이닝을 받는 관리자도 거의 없다. 그러니 자신에게 필요한 것을 사람들이 당연히 알 거라고 기대하지 말라. 지나치지 않는 방법으로 당신에게 필요한 것을 요구하면서 소통하라.

- **순응하기를 너무나 기대한다:**

  두 가지를 기억하라. 첫째, 이 책에 있는 조언은 그저 당신이 조직에서 시작하는 것을 도와줄 뿐이다. 지금 순응해야 하는 것만큼 당신이 앞으로도 항상 순응해야 하는 것은 아니다. 둘째, 당신에게는 지금 당장 개성을 발휘하는 것도 아주 중요하게 여겨지겠지만 대학에 비해 더 많이 순응을 요구하는 것이 보통의 직장이다.

● 생각했던 것보다 별로 즐겁지 않다:

자신의 기대에 어긋나서 첫 직장에 실망감을 느끼는 것은 대졸 신입사원에게 흔히 있는 일이다. 보통 처음에는 행복감과 열의에 가득 차지만, 점차 실망이 커지는 경험을 한다. 하지만 걱정할 것 없다. 적응 기간이 지나고 나면 즐거움과 만족감이 어느 정도 회복될 것이다.

● 지루하다:

직장에서 처음 여섯 달은 생각했던 것보다 또는 지금까지 익숙했던 것보다 그리 도전적이 아닐 수 있다. 당신이 기대하고 있는 책임과 도전의 수준에 이르는 데는 시간이 걸린다. 직장 업무가 대학에서만큼 그렇게 부담스럽지 않다고 생각하는 사람이 많다. 대학에서 경험했던, 높은 수준의 끊임없는 지적 도전은 다른 곳에서 발견하기 어렵다는 것을 기억하라. 하지만 당신은 성취했을 때 똑같이 보람을 느끼는, 다른 종류의 도전을 직장에서 경험하게 될 것이다.

● 내가 다 처리할 수가 없다:

맞다. 지루하다는 것도 문제지만, 너무나 자주 너무나 많은 일이 주어지면 그 반대가 될 수도 있다. 이때는 (당연한 말이지만) 느긋해지려고 노력하라. 경험이 많은 직원도 때로는 새 업무에서 압도된 듯한 느낌을 받을 수 있다. 적응하는 데 시간이 걸리지만 그 상황은 요령을 터득하면서 나아진다.

이런 상황에 처했을 때는 혼자서 처리할 수 없음을 인정하고 다른 사람에게 도움을 요청하라. 그리고 그보다 더 중요하게는, 스스로에게 다른 사람에게보다 더 많은 것을 요구하지 말라.

● **나쁜 임무가 주어졌다:**

때로는 이런 일도 일어날 수 있다. 나쁜 상사, 나쁜 일 말이다. 그리고 예산 절감 같은 모두에게 불운한 일이 일어나기도 한다. 대부분의 경우 나쁜 상황에서 가장 빨리 빠져나오는 방법은 그 상황에 최선을 다하는 것이다.

멘토에게 조언을 얻으라. 동료들 대부분도 자신의 경력 어느 지점에서 같은 위치에 처한 적이 있었다. 그러므로 왜 나한테만 이런 일이 생기느냐고 소리 내서 불평하는 것보다 '쓴웃음을 지으며 참는 것'이 낫다. 문제에 집중하여 바람직한 해결책을 찾도록 하고. 도저히 참기 어려운 상황이라면 누구를 탓하지 않는 방법으로 멘토에게 조언을 청하는 것이 좋다.

16장

새로운
학습 방법을
갖추라

이제까지는 당신이 무엇을 배워야 하는지에 집중했다. 하지만 이처럼 의식적으로 노력해야 하는 일은 당신에게 주어진 도전의 일부일 뿐이다. 가장 어려운 점은 직장에서 첫해 동안 당신이 무언가를 배우기 위해서는 대학에서 필요했던 기술과는 근본적으로 다른 기술이 필요하다는 것이다. 다시 말해서 직장에서 배우는 방법은 대학에서 배우는 방법과 근본적으로 다르다.

당신이 직장에서 발견할 핵심 차이점의 일부는 다음과 같다.

- 조직에는 다른 사람들과 상호작용을 하면서 배우는 기술과 관행적 규범이 많기 때문에 사회적 학습 기술이 가장 중요하다.

- 배우는 과정은 보통 실험적이며, 배움은 업무에 관련된 프로젝트에서 일을 하는 동안 진행된다.

- 자신의 일을 하기 위해서 업무 지식 이상의 것들을 자진해서 배워야 하므로 자기 주도 학습이 일반적이다.

- 명확한 시작과 끝 지점이 없이 항상 진행되므로 교과서적인 배움의 체계가 있을 수 없다.

- 특히 복잡하거나 특이한 문제를 다룰 때 당신이 언제 '바른' 답을 찾았는지 또는 다 배웠는지를 판단하기 어렵다.

간단히 말해 조직에서의 학습은 비체계적이면서 지속적인 과정이다.

이를 강사가 주도하는 대학의 학습 모델과 대조해보라. 대학에서는 형식을 갖춘 강의실에서, 주로 책을 매개로 하여, 단정하게 포장된 강의를 통해 배운다. 조직에서 필요한 학습 기술은 이와 같은 환경의 대학에서 필요했던 성공적인 학습 기술과 완전히 다르다. 학습하는 새로운 방법을 배우지 않는 한, 이 책에서 제시한 열두 단계를 실현하기란 어려운 일이다. 그러므로 성공적인 직원은 이 새로운 방법을 배우기 위해 노력을 기울인다.

새로운 학습 방법

지금부터 새로운 학습 방법을 배우도록 당신을 인도할 '성공적인 출발을 위한 학습 도구'에 대해 살펴보겠다.

가장 먼저 인터뷰 프로토콜을 제시한다. 인터뷰는 당신이 사회적 학습 과정에 더 효율적으로 참여하도록 도움을 줄 것이다. 하지만 당신은 곧 수집한 정보가 체계적이지 못하고 때로는 그 정보를 어떻게 사용해야 할지 파악하기 어렵다는 것을 알게 된다. 그래서 부록 A에 열두 단계 체제에서 수집한 정보를 정리하는 데 유용한 작업계획표를 소개했다. 나아가 부록 B에서는 새로 배운 것들을 실행하는 데 도움이 될 행동계획표와 작업계획표를 제시해두었다.

경고 한마디만 하겠다. 이 과정은 당신에게 무척 생소하게 느껴질 수 있다. 지금까지 익숙해 있던 방식과 다르기 때문이다. 하지만 조직에서 성공하는 방법을 배우는 것은 근본적으로 다른 학습 과정이다. 이 장에 포함된 작업계획표를 사용하면 당신은 새 조직에서 성공하는 데 필요한 것들을 배울 뿐 아니라 아주 새로운 학습 방법도 배우게 될 것이다. 이런 학습 기술은 이후에도 당신의 전 경력에 걸쳐 새로운 업무나 부서 또는 새로운 회사로 옮길 때 도움이 될 것이다.

성공적인 출발을 위한 학습 도구의 개요

신입사원으로서 배우는 과정이 당신에게 친숙하지 않을 수 있다는 점을 염두에 두고 우리는 그 과정을 돕기 위해 '성공적인 출발을 위한 학습 도구'를 만들었다. 이 도구에는 세 가지 요소가 있다.

- 인터뷰 프로토콜: 조직에 성공적으로 적응하는 데 필요한 정보를 수집하기 위해 새로운 동료를 인터뷰할 때 요긴하게 쓰일 질문과 지시 세트
- 분석 모형: 이 책에서 설명하는 열두 단계에 따라 수집한 정보를 정리하도록 해주는 작업계획표 세트
- 행동계획표: 기술을 계발할 필요가 있는 영역에 대해 생각을 정리할 수 있도록 해주는 작업계획표 세트

이 도구에 대한 현장 실험은 좋은 결과를 가져왔다. 다음은 긍정적인 결과의 몇 가지 예다.

- 사람들에게 어떻게 시작해야 할지를 묻는 간단한 행동은 그들에게 좋은 인상을 남긴다. 한 인사 담당자는 직원들 대부분이 인터뷰에 시간을 내주지 않을 거라고 말했는데 우리가 경험한 바로는 그렇지 않았다. 직장인 대부분이 후배로부터 인터뷰 대상interviewee이 되는 것을 좋아한다.

- 이 인터뷰 질문들로 당신은 보통 배우는 데 일 년이 걸릴 것을 며칠 내에 배우게 된다.

- 질문과 작업계획표는 당신이 동료 또는 상사와 대화를 시작하게 하고, 그들로부터 엄청나게 가치 있는 조언을 얻도록 해줄 것이다. 그리고 이런 조언은 인터뷰가 끝난 후에도 오랫동안 지속되므로 당신에게 두고두고 도움이 된다.

- 당신은 새 직장에 대해 아는 방법을 배우게 된다. 이는 매우 효과적인 방법이다!

모든 사람이 이 도구를 똑같은 방법으로 사용하지는 않는다. 당신도 개인 스타일 또는 상황에 맞게 그 요소를 마음대로 바꿀 수 있다. 예를 들어 어떤 인터뷰 질문은 당신의 업무 또는 조직과 상관이 없을 수도 있다. 또 작업계획표에 대해서도 어떤 사람들은 자신의 생각을 그 표에 직접 써넣는 것을 좋아하지만, 어떤 사람들은 실제로 답을 쓰지 않고 생각하게 하는 도구로 사용하기도 한다.

그 과정에 접근하는 방법이야 어떻든지 당신은 세 가지 단계를 모두 완성해야 한다. 즉 새로운 조직에 관한 정보 수집, 그 정보를 분석하여 열두 단계에서 이해하는 것, 그리고 자신의 계발을 계획하는 것이다.

작업계획표를 사용하기 위해 시작하는 최선의 방법 중 하나는 당신의 상사와 이야기를 나눠보는 것이다. 우리 경험에 따르면 많은 신입사원들이 상사(또는 동료들)에게 자신의 완성된 작업계획표를 보여줌으로써 좋은 결과를 얻었다. 때로는 예민할 수 있는 문제도 체계적으로 논할 수 있도록 도구가 제공되었기 때문에 대화가 종종 훌륭한 배움의 시간으로 바뀐다. 또한 경험이 많은 선배는 신입사원이 무엇을 배워야 하는지를 까맣게 잊고 있을 수 있다. 이 도구는 선배가 무엇을 가르쳐야 하는지 당신이 상기시키도록 함으로써 그들에게도 도움이 된다.

성공적인 출발을 위한 인터뷰 프로토콜

성공적인 출발을 위한 인터뷰 기술은 신입사원으로서 처음 여섯 달 동안 특히 더 필요하다. 질문은 당신의 고용주에 대해 중요한 정보를 놓치지 않도록 면밀하게 계획되고 구조화되었다. 질문의 목적을 지금은 이해할 수 없는 항목이 있을지라도 일을 시작하고 난 후 몇 달 이내에는 명백해질 것이다.

신입사원으로서 많이 바쁘겠지만 인터뷰를 위한 시간을 우선적으로 확보해야 한다. 어떤 경우에는 당신이 요청한 정보를 모두 수집하지 못할 수도 있다. 하지만 그 정보를 얻기 위해 최선을 다했다면 괜찮다. 그것으로도

사회에 첫발을 내딛는 청춘들에게

당신은 충분히 판단을 내릴 수 있을 것이다.

연습 세트 1: 조직 안의 사람들과 알고 지내기

지금까지 계속 강조한 것처럼 사람들과 만나고 같이 일하며 이해하고 소통하는 것은 직장생활을 하는 데 무척 중요하다.

첫 연습 세트는 새로운 조직의 사람들과 만나고 인터뷰하는 과정과 함께 당신이 조직에서 시작할 수 있도록 고안되었다. 그들을 인터뷰할 때 신입사원 트레이닝의 일부라고 말해도 좋다. 대부분은 기꺼이 도울 것이다.

먼저 조직에서 인터뷰하고 싶은 네다섯 명의 사람들을 찾으라. 그들은 각각 다른 직위 수준에 있어야 하고 다른 업무 기능을 대표해야 한다. 경영진과 비경영진 모두를 포함해야 하며, 최소한 한 사람은 조직에서 비교적 신참(5년 이하)이어야 한다.

이름과 직위를 포함해서 당신이 인터뷰하는 사람에 대한 정보를 아래에 적으라.

_____

_____

_____

_____

_____

_____

_____

그런 다음 그 사람들과 일정을 잡으라. 일정을 잡을 때는 반드시 인터뷰의 목적을 설명해야 한다. 다음과 같은 도입부를 사용할 수 있다.

사회에 첫발을 내딛는 청춘들에게

저는 이 조직(회사)의 여러 가지 측면을 논하기 위해 몇 분을 만나려고 합니다. 인터뷰를 통해 얻는 정보는 제가 조직에 대해 좀더 배울 수 있도록 해줄 것입니다. 혹시 답하시기가 불편한 질문이 있다면 알려주시고, 그 질문은 삭제하겠습니다.

인터뷰를 할 때는 나중에 기억할 수 있도록 그들의 답을 가능한 한 자세히 메모해두라. 원하는 것에 대해 무엇이든 논할 수 있지만 반드시 인터뷰 지침에 있는 주제를 다루어야 한다.

인터뷰를 주도하기 위해 다음과 같은 표현이나 질문을 사용하라.

- 교육, 하셨던 업무, 진로 등 전반적인 직장 경력을 알려주세요.
- 이 조직에서의 업무에 대한 상세한 사항을 알려주세요. 여기서 얼마 동안 일하셨나요? 무슨 일을 하셨나요? 앞으로 이 조직에서 자신이 어느 위치에 있게 될 거라고 생각하시나요?

- 이 조직에서 보내신 기간을 어떻게 생각하시나요?

- 이 조직에서 일하는 보람과 도전이 무엇이라고 생각하십니까?

- 이 조직의 목표와 기본 가치가 무엇이라고 보십니까?

- 이 조직에서의 일상적인 직장생활을 어떻게 묘사하시겠습니까?

- 이 조직에서 성공하는 데 필요한 직업적인 특성은 무엇이라고 생각하십니까?

- 이 조직에서 신입사원이 긍정적인 첫인상을 만들고 싶다면 무엇을 해야 할까요?

- 부정적인 인상을 남기는 신입사원이 있다면 가장 중요한 이유는 무엇인가요?

- 신입사원은 처음 여섯 달 동안 무엇을 기대해야 할까요?

- 일반적으로 신입사원은 무엇이 문제라고 생각하시나요
  (또는 다른 사람들은 무엇이 문제라고 생각하시나요)?

- 이 조직은 어떤 태도에 대해서 긍정적인 피드백을 주나요?

- 이 조직의 전반적인 경영 스타일은 무엇이라고 말할 수 있나요?

- 이 조직에서 상사와 잘 지내는 좋은 방법을 조언해줄 수 있으

신가요?

- 이 조직이 어떻게 운영되는지를 배우는 최선의 방법은 무엇인 가요?

- 이 조직에서 업무를 완성하는 것에 대해 알아야 하는 가장 중 요한 것은 무엇인가요?

- 당신의 부서에서는 신입사원이 처음에 무슨 일을 하는 것을 기대하나요?

- 부서에서 신입사원이 알아야 하는 다른 사람들은 누구인가요?

- 막 시작하는 신입사원에게 어떤 충고를 하시겠습니까?

- 조직에 처음 들어오셨을 때 무엇이 순조로운 출발을 도왔나요?

　　새로운 조직의 구성원을 가능한 한 잘 알고 그들과 잘 지내는 것은 극히 중요한 일이다. 이렇게 하는 데는 시간 이 걸리기 마련인데, 조직 구성원에 대해 정보를 수집하 는 능동적인 행동을 취하면 그 과정은 더 단축될 수 있다.

연습 세트 2: 업무 그룹에 대해 이해하기

인터뷰의 두 번째 부분에서는 당신이 처음에 배치될 특정 그룹에 대하여 묻는다. 부서 배치가 마무리되지 않았다면 당신이 배치될 가능성이 많다고 생각되는 그룹을 선택하라.

그 그룹의 관리자를 포함하여 그룹 안의 몇 명과 만날 일정을 잡으라. 이 만남의 목적은 그 그룹과 업무에 대해 되도록 많이 배우는 것이다.

인터뷰를 할 때 다음의 질문을 사용하라.

- 그룹의 업무는 조직의 전체적인 목표와 어떤 관련이 있습니까?

- 그룹은 조직의 구조에서 어디에 속하나요?

- 구체적으로 말하면, 그룹은 무슨 일을 하려고 만들어졌고 왜 존재하나요?

- 그룹은 어떤 역사를 갖고 있습니까?

사회에 첫발을 내딛는 청춘들에게

- 그룹의 구조와 그 구성원을 알려주십시오. 그들은 각기 무슨 일을 합니까?

- 그룹은 현재 무슨 프로젝트를 하고 있습니까?

- 이 프로젝트를 완성하는 데 그룹이 직면하는 주요 도전은 무엇입니까?

- 이 그룹의 프로젝트에서 가장 보람 있는 업무 부분은 무엇입니까?

- 이 업무 그룹에서 일상생활은 어떤 모습인가요?

- 사무실의 외형적인 배치와 위치는 어떤가요?

- 그룹에서는 신입사원으로서 저에게 어떤 임무를 배정하나요?

- 이 그룹에서 신입사원인 저에게 기대하는 것은 무엇인가요?

- 제가 이 그룹에 소속되면 어떤 도움을 드릴 수 있을까요?

- 우수한 평가를 받으려면 무엇이 필요한가요?

- 성공하려면 어떤 전문 기술이 필요한가요?

- 그룹 담당 관리자는 어떤 경영 스타일을 갖고 있습니까?

- 이 관리자와 일할 때 좋은 업무관계를 구축하기 위해 무엇을

해야 하나요?

- 그룹 구성원 간의 관계는 어떤가요? 사람들은 밀접하게 함께 일하나요, 아니면 개인적으로 일하나요?

- 이 그룹에 신입사원이 들어오는 것을 구성원들은 어떻게 생각하나요?

- 이 그룹과 이 부서에서 효율적으로 일하려면 어떤 종류의 정책, 절차, 운영 규칙을 알아야 하나요?

17장

: 결론 :

나선형
성공에
올라타라

대학에서 직장으로 이행한다는 특수한 본질을 인정하고 나면 이 기간은 무척 재미있고 흥미로울 것이다. 또한 성공적인 직장 경력을 쌓기 위한 멋진 시작이 될 것이다. 그러니 지금까지 논한 열두 단계를 염두에 두고 모든 노력을 기울여 각 단계에 충실을 기하도록 하라. 그렇게 했을 때 당신은 직장 경력에서 극히 중요한 이 시기를 이해하고 성공적인 출발을 함으로써 승진을 위한 단단한 기초를 쌓을 수 있다.

　가장 중요한 것은 그 단계들이 바보 같은 실수를 하지 않도록 당신을 보호해준다는 것이다. 오랫동안의 고된 노력을 망치고 애써 확보한 보상을 놓치게 하는 실수 같은 것 말이다.

졸업생들의 피드백

이 기간은 수월하게 지나갈 수 있는 성격의 것인가? 모든 사람에게 쉽지는 않다. 하지만 첫해 말에 이르면 대부분의 졸업생이 가치 있는 해였다고 결론짓는다.

우리가 이 책에서 제공하는 조언은 경력을 시작하는 데 대한 보수적이고 안전한 접근방법이다. 졸업생 중에서는 새 조직을 알게 되면서 그렇게 보수적일 필요가 없는 영역도 있더라고 우리에게 피드백을 해주었다. 그와 비슷하게 자신의 조직에 대해 조금씩 다른 의견들을 전해주었다. 하지만 결론적으로, 이 접근방법을 사용하면서 실수를 했다고 말하는 사람은 없었다.

지금까지 살펴본 열두 단계 과정은 직장생활 초기에 당신이 곤경에 빠지는 것을 막아주고 시작부터 분별력을 갖춘 사람이라는 인상을 남기는 데 도움을 줄 것이다. 어떤 고용주도 보수적인 출발을 한다고 당신을 탓하지는 않을 것이다.

올바르게 접근했다면 당신은 첫해 동안 멋진 직장생활을 할 수 있다. 재미있는 시간을 보내고 열심히 일하면서 성공을 즐기라.

당신의 멋진 출발과 앞으로의 여정에 행운을 빈다!

부록 A

성공적인 출발을 위한 학습 모형:
작업계획표

인터뷰가 많은 정보를 제공한다는 것은 알 테지만, 막상 인터뷰를 마치고 나면 그 모든 정보를 어떻게 사용해야 할지 막막할 것이다. 정보를 정리하고 계발 계획을 세우는 데 도움을 주기 위해 부록으로 학습 모형 시리즈를 싣는다. 이 모형은 당신이 수집한 정보를 이 책에서 제시한 열두 단계에 맞추어 열두 개의 '도구'에 정리하도록 도와줄 것이다.

먼저 각각의 단계에 따라 작업계획표를 완성해보자.

사회에 첫발을 내딛는 청춘들에게

1단계: **올바른 태도**

맨 왼쪽 칸에 자신이 관찰하고 조직에서 들은, 성공에 관련된 태도의 리스트를 작성하라. 그러고 나서 그 태도들에 대해 A에서 F까지 자신의 등급을 매겨 가운데 칸에 적으라(정직하라!). 마지막으로, 개선을 위해 사용할 수 있는 전략을 찾아 맨 오른쪽 칸에 적으라.

성공 관련 태도	나의 등급	개선 전략

2단계: 기대 조절

대부분의 신입사원은 조직에 들어오기 전에 자신이 가졌던 기대가 직장에서 경험하는 것과 정확하게 일치하는 경우가 많지 않다는 사실을 알게 된다. 어떤 것은 기대를 초과하고 어떤 것은 기대에 미치지 못한다. 여기서는 실제 경험이 자신이 품었던 기대와 일치하는 것을 찾아보자.

이 조직에 들어오기 바로 전의 시기를 되돌아보라. 이 조직과 직장에 대해 자신이 가졌던 최소한 다섯 가지의 기대를 열거하라. 그러고 나서 당신의 경험이 기대보다 더 나았는지(+) 또는 더 나빴는지(-)를 각 항목에 표시하라. 한쪽에만 치우치지 않도록 두 종류를 모두 포함시키라.

기대	+ 또는 −

1. 자신의 기대에 미치지 못한 각 항목에 대해, 그 사실이 당신의 업무에 어떻게 영향을 주었는지 생각해보라. 생각나는 대로 열거하라.

2. 당신이 대학 캠퍼스에 돌아가서 졸업을 앞둔 학생들에게 이 조직에서 일하는 것에 대해 이야기한다고 가정해보자. 만약 후배 대학생들이 이 조직에서 훌륭하고 성공적인 경험을 원한다면 잊어야 하는 다섯 가지 '신화'가 무엇이라고 말해주겠는가?

3단계 : **다른 룰 익히기**

조직에 적응하는 시기는 조직에 받아들여지고 존중되며 보다 일찍 생산적이 되기 위해 특별한 전략을 사용해야 하는 특별한 시기다. 그렇지만 유감스럽게도, 이 시기에 대한 중요성과 특이성을 인식하는 사람들은 많지 않다.

1. 이 조직에서 신참인 것이 어떻게 느껴지는지를 묘사할 때 자신이 사용할 단어들을 열거하라.

2. 적응하는 시기에 무엇이 가장 큰 문제 또는 불만이었는가? 열거하라.

3. 신입사원으로서 성공적으로 출발하기 위해 취한 구체적인 조치를 열거하라(최소한 세 가지).

4. 이 조직에서 사람들에게 존중받기 위해 어떤 조치가 필요한지, 자신이 생각하는 세 가지를 열거하라.

신참이란(단어)	문제나 불만	성공적인 출발을 위한 조치	존중받기 위해 필요한 조치

4단계: 인상관리

조직에 처음 들어올 때 당신이 주는 인상은 실제 실적만큼 중요하다.

1. 당신이 긍정적인 인상을 줄 수 있었던 최소한 세 번의 경우를 떠올리고, 서술하라.

2. 당신의 언행이 부정적인 인상을 주었던 최소한 세 번의 경우를 찾으라. 그 경우들을 모두 서술하라.

3. 이 조직에서 이른 시일 안에 긍정적인 인상을 줄 수 있는 최소한 다섯 가지 방법을 찾아 서술하라.

4. 부정적인 인상을 주는 일을 피할 수 있는, 최소한 세 가지 조치를 열거하라.

긍정적 인상 기회	부정적 인상 기회	긍정적 인상을 위한 방법	부정적 인상을 피할 방법

5단계: 대인관계 구축

조직에서 사람은 업무만큼 중요하다. 혼자서는 성공할 수 없으므로 조직의 모든 수준에서 효율적인 업무관계를 구축하는 것에 우선순위를 두어야 한다.

조직에서 성공하는 데 중요하다고 생각하는 최소한 다섯 그룹의 리스트를 작성하라. 그리고 그 그룹들과 좋은 업무관계를 쌓기 위해 당신이 취했거나 취할 수 있는 특정 조치를 열거하라. 동료, 보조 사원, 자신이 속한 업무 그룹의 다른 구성원, 자원 네트워크, 간부직 그리고 당신이 업무를 완성하고 성공을 거두도록 도울 수 있는 사람들을 모두 포함시키라.

개인/그룹	나의 조치

6단계: **상사의 훌륭한 추종자 되기**

신입사원 기간에 상사는 당신에게 가장 중요한 사람이다. 따라서 상사와의 관계는 성공적인 직장생활을 하는데 대단히 중요하다. 훌륭한 리더가 되려면 당신은 먼저 훌륭한 추종자가 되어야 한다.

1. 좋은 부하 직원이 되는 데 필요하다고 생각하는 최소한 세 가지 기술을 열거하라.
2. 조직에서 당신이 훌륭한 추종자로서의 기술을 보여줄 수 있는 다섯 가지 방법을 열거하라.
3. 상사가 부하 직원인 당신에게 갖고 있는 최소한 세 가지 기대를 열거하라.

좋은 부하 직원의 기술	훌륭한 추종자로서의 기술	나에 대한 상사의 기대

4. 상사와 우수한 업무관계를 구축하기 위해 취해야 하는 행동과 피

해야 하는 행동을 다음 표에 열거하라.

취해야 하는 행동	피해야 하는 행동

7단계: **조직의 문화 이해하기**

다음의 직장 문화 요소에 대해 인터뷰에서 알게 된 것들

의 리스트를 작성하라.

사회에 첫발을 내딛는 청춘들에게

문화 요소	인터뷰로 알게 된 것들
조직의 목표	
핵심 가치	
기본 가치와 규범	
기대되는 행동	
직업의식	
보상 제도	
사회적 규범	
경영 철학	
윤리 기준	
신성시되는 신념과 행사	
직원의 태도	
소통 규범	
업무 규범	
사무실 분위기	

8단계: 조직 체제에 적응하기

조직에 적응하는 데 가장 중요하고 어려운 일 중 하나는 성공하려면 '정말' 무엇이 필요한가를 배우는 것이다. 왼쪽 칸에 조직에서 성공하기 위한 최소한 다섯 가지 결정적인 요소를 열거하라. 그리고 오른쪽 칸에 이 요소들을 경영진에게 보여주기 위해 자신이 현재 사용하고 있는 특정 전략을 서술하라.

성공 요인	나의 전략

9단계: 역할 이해하기

모든 신입사원의 필수 임무는 조직에서 적절한 자신의 역할을 찾고 자신이 큰 그림의 어디에 속하는지를 이해하는 것이다. 이 역할을 정의하는 과정은 때로 어렵고 시간이 걸린다. 더욱이 유감스럽게도, 당신에게 부여된 역할이 자신이 선호하는 역할과 일치하는 경우는 흔치 않다. 그러므로 자신의 역할을 이해하고 그 역할에 적응하는 것이 필수적이다.

1. 조직에서 신입사원으로서 자신의 역할을 묘사하라.

2. 이 역할에서 조직이 당신에게 기대한다고 생각하는 최소한 다섯 가지를 열거하라.

3. 당신이 무슨 역할을 맡고 싶은지 묘사하라.

신입사원으로서 역할	조직이 기대하는 것	내가 맡고 싶은 역할

사회에 첫발을 내딛는 청춘들에게

10단계 : **영리하게 일하기**

성공하는 것에 대한 중요한 측면 중 하나는 뛰어난 실적을 올리는 사람이 되는 것이다. 업무를 수행하기 위해서 당신은 전문적 기술을 계발해야 한다.

1. 다음에 열거된 각 기술에 대해, 최고의 실적을 올리는 직원이 되는 데 결정적인 이 측면들을 자신이 얼마나 잘 관리하는지 A에서 F까지 등급을 매겨라(정직하라!).

실적 성공의 결정적 측면	나의 등급
효율적인 시간관리	
우선순위 정하기	
여러 프로젝트를 동시에 관리하기	
메모, 편지, 보고서 쓰기	
프레젠테이션하기	
작업 흐름 관리하기	

회의를 관리하고 참여하기	
자신의 아이디어 설득하기	
임시직이나 사무 보조원들과 같이 일하기	
업무와 사무실 정리하기	
현실적인 마감일 잡기	
마감일 맞추기	
적합한 수준의 질로 일하기	
자신에게 동기 부여하기	

2. A보다 낮은 등급을 매긴 기술에 대해 내년 안에 바람직한 기술 수준을 성취하기 위한 직업적 계발 기회를 마련하라. 문제가 되는 특정 영역에 대해 당신의 상사에게 피드백을 요청하라.

사회에 첫발을 내딛는 청춘들에게

실적 성공의 결정적 측면	내가 계획하는 계발 기회
효율적인 시간관리	
우선순위 정하기	
여러 프로젝트를 동시에 관리하기	
메모, 편지, 보고서 쓰기	
프레젠테이션하기	
작업 흐름 관리하기	
회의를 관리하고 참여하기	
자신의 아이디어 설득하기	
임시직이나 사무 보조원들과 같이 일하기	
업무와 사무실 정리하기	
현실적인 마감일 잡기	
마감일 맞추기	
적합한 수준의 질로 일하기	
자신에게 동기 부여하기	

11단계: **자신의 업무에 숙달하기**

업무에는 많은 활동과 일이 포함된다. 하지만 당신의 성공에 실제로 중요한 것은 보통 작은 부분일 수 있다. 당신의 업무에서 가장 중요한 일을 왼쪽 칸에 열거하라. 조직에 중요하기 때문에 당신이 반드시 좋은 결과를 보여주어야 하는 일이어야 한다. 그런 다음 오른쪽 칸에는 그 일에 대해 당신에게 기대되고 있는 결과를 열거하라.

업무에서 가장 중요한 일	기대되는 결과

사회에 첫발을 내딛는 청춘들에게

12단계: **지식, 기술, 능력 쌓기**

요구되는 수준에서 업무를 완성하기 위해서 새로운 지식, 기술 또는 능력이 필요할 가능성이 많다. 자신의 학습을 계획하기 위해 다음의 질문에 답하라.

질문	나의 답변
현재 업무에서 요구되는 결과를 얻기 위해 지금 갖고 있지 않은 어떤 지식, 기술 또는 능력을 계발해야 하는가?	
현재 업무에서 요구되는 결과를 얻기 위해 지금 갖고 있는 어떤 지식, 기술 또는 능력을 더 프로페셔널하게 계발해야 하는가?	
다음 단계 업무 수행을 위해 지금 갖고 있지 않은 어떤 지식, 기술 또는 능력을 계발해야 하는가?	
필요한 트레이닝을 어디서 받을 수 있는가?	

부록 B

성공적인 출발을 위한 학습 모형:
행동계획표

각 단계별 전략

이 행동계획표는 부록 A의 작업계획표에서 밝혀진 각 문제 영역을 해결하기 위한 전략을 찾는 데 유용하다.

1. 맨 왼쪽 칸에는 부록 A의 작업계획표에서 자신에게 필요한 작업이 있었던 각 단계에 동그라미를 치라(표의 나머지 부분, 즉 4∼12단계는 같은 형식으로 그려서 사용하면 된다).

2. 가운데 칸에는 개선을 위한 최소한 하나 또는 두 개의 목표를 적

사회에 첫발을 내딛는 청춘들에게

으라.

3. 맨 오른쪽 칸에는, 찾아낸 문제를 해결하는 데 사용할 수 있는 최
   소한 세 가지 전략을 적으라.

단계	개선을 위한 목표	전략
1단계: 올바른 태도		
2단계: 기대 조절		

2단계: 기대 조절		
3단계: 다른 룰 익히기		

사회에 첫발을 내딛는 청춘들에게

자원과 장벽

1. 목표를 성취하는 데 필요한 자원(예: 사람, 트레이닝, 정보)을 열거하라. 구체적이어야 한다.

2. 자신의 목표를 성취하는 데 해결책이 필요한 어떤 장벽 또는 문제(만약에 있다면)가 예상되는가? 그렇다면 그것들을 나열하라.

필요한 자원	장벽 또는 문제

신입사원의 성공 돕기:
대졸 신입사원의 관리자를 위한 조언

Helping Your New Employee Succeed: Tips for Managers of New College Graduates

_ 엘우드 홀튼 3세 · 샤론 S. 나킨

대졸 신입사원의 관리자를 위한 완벽한 지침이다. 열두 부분
의 신입사원 계발 모델을 사용하여 관리자 자신은 물론 관리
자가 신입사원을 가르치는 데 필요한 기술을 제시하였다. 대
부분의 조직에서 대졸 신입사원이 대학에서 직장으로 성공적
으로 이행하는 데 가장 중요한 역할을 하는 사람은 아마 관리
자일 것이다. 관리자는 열두 가지 이행 과제에서 많은 것들에
직접적인 영향을 줄 수 있고, 자신이 통제하지 않는 것들에
대해서는 성공적인 학습 기회를 만들어줄 수 있다.

　이 작업을 제대로 하지 않음으로써 소요되는 잠재적인 비
용이 상당함에도 조직에 들어오는 신입사원을 돕는 방법을

배우려 하는 관리자는 많지 않다. 게다가 관리자의 대부분은 신입사원의 경험이 무엇인지를 잊을 만큼 오랫동안 일했다. 오늘날의 노동 시장에서 핵심 재능을 보유하는 것은 필수다. 이 책은 관리자들이 신입사원이 경험하는 것과 그들이 조직에 성공적으로 적용하기 위해 알아야 하는 것들에 대해 제대로 알려줄 것이다.

다시 신참이 되었네요: 이직에서 성공하는 방법

So Your're New Again: How to Succeed When You Change Jobs

_ 엘우드 홀튼 3세 · 샤론 S. 나킨

새 직장으로 옮기는, 직장 경험이 있는 사원을 주 대상으로 하는 책이다. 여기에서의 신입사원은 회사를 옮기거나 조직 내에서 커다란 이동이 있는 경력사원을 가리킨다. 열두 부분의 신입사원 계발 모델이 다시 사용되지만 경험 있는 직업인이 부딪히는 문제에 특별히 집중한다. 이 책에서는 '잊는' 과정에 대해 역점을 두었다. 경험 있는 직원에게 가장 중요한 문제는 흔히 배워야 하는 것이 무엇인지를 아는 데 있지 않고, 종전대로 업무를 처리하는 습관을 버리는 데 있다. 열두 부분 모델에서 각 계발 임무는 그들에게 성공적인 이행을 위해 자신이 무엇을 배워야 하고 무엇을 잊어야 하는지를 가르친다.

엘우드 F. 홀튼 3세_{Elwood F. Holton III, Ed.D.,}

루이지애나 주립 대학 인적자원계발과 교수로 인적자원계발_{HRD-Human Resources Development} 프로그램 편성과 리더십계발센터_{Center for Leadership Development}의 상임 이사직을 역임하고 있다. 인적자원계발학교_{Academy of Human Resources Development}에서 최근까지 회장직을 맡았으며 인적자원계발, 리더십 계발, 실적 향상 프로젝트 등의 부문에서 공공, 개인, 비영리 단체에 자문을 제공한다.

　자신의 열두 단계 모델에 대하여 신입사원, 인사 파트 종사자를 대상으로 많은 프레젠테이션을 실시했으며 J.P. 모건 렌터카_{J.P. Morgan, Enterprise Rent A-Car}, 미국 에너지부_{U.S. Department of Energy}, 미국 총무청_{U.S. General Services Administration}, 다발성경화증협회_{Multiple Sclerosis Society}와 같은 조직에서 자문 업무를 하면서 더욱 계발하고 개선시켰다. 현재까지 그는 11권의 책과 150편 이상의 논문을 발표하였다.

샤론 S. 나퀸Sharon S. Naquin, Ph.D.,

루이지애나 주립 대학 인적자원계발과 조교수로 인적자원계발 연구사무소Office of Human Resource Development Research 이사직을 맡고 있다. 기업의 인적자원부에서 11년 동안 일했고 그동안 수백 명의 신입사원을 모집, 고용, 훈련시켰다. 컨설턴트로서 인적자원, 직원 트레이닝, 실적 향상 문제의 모든 부문에서 일했다. 또한 직장에서의 성인 교육에 대한 기질적 효과, 조직의 필요 분석, 리더십 계발, 실적 향상 시스템, 지역사회 노동인구 계발 시스템, 경영 계발 평가의 영역에서 여러 권의 책을 출간했다.